Inhaltsverzeichnis

Vorwort

Liebe Erzieher*innen,

wie überaus wichtig Bienen für unser Ökosystem sind, ist mittlerweile vielen Menschen bewusst. Ohne die kleinen Brummer müssten wir auf viele alltägliche Leckereien verzichten, sei es auf verschiedene Obst- und Gemüsesorten oder leckere Naschereien mit Honig.

Die Populationsdichte der wichtigen Bestäuber ist jedoch in den letzten Jahren stark zurückgegangen. Es gibt für sie ein zu geringes Nahrungsangebot, da Grünflächen und Blumenwiesen immer kleiner und weniger werden – Steingärten hingegen immer beliebter – und zu viele schädliche Pestizide in der Landwirtschaft, im privaten Garten und an anderen Orten verwendet werden.
Es ist ein Kreislauf, der nur schwer zu durchbrechen ist. Dabei vergessen viele Menschen, dass sie nicht nur den Insekten, sondern auch sich selbst schaden. In Teilen Chinas werden zu einem Niedriglohn Obstbäume bereits von Menschen mit der Hand bestäubt, da es dort durch den Einsatz von Pestiziden so gut wie keine Insekten mehr gibt. Während ein einziges Bienenvolk jedoch pro Tag bis zu 300 Millionen Blüten bestäuben kann, müssten für die gleiche Menge mindestens 1 500 Menschen per Hand bestäuben.

Abgesehen davon sind Bienen einfach faszinierende Tiere – und das nicht nur für Kinder!

Um den Grundstein für die positive Wahrnehmung dieser friedlichen Zeitgenossen bereits bei den Kleinen zu legen, finden Sie in diesem Kurzprojekt viele ausgewählte Angebote rund um das Thema „Bienen“. Wie in allen Kurzprojekten für den Kindergarten decken die Angebote die verschiedenen Bildungsbereiche ab. Durch abwechslungsreiche Angebote zum Basteln, Singen, Forschen und Entdecken werden sich die Kinder mit viel Freude den kleinen Lebewesen widmen.

So erleben die Kita-Kinder gemeinsam mit viel Entdeckerfreude und Neugier die Welt der Bienen und verstehen nach und nach, wie wichtig und schützenswert die kleinen Insekten sind.

Ich wünsche Ihnen und Ihrer Gruppe viel Spaß und eine spannende Zeit mit diesem Heft!

Ihre Melanie Braun

Hinweis: Aus Gründen der besseren Lesbarkeit wird im Folgenden auf eine sprachliche Differenzierung der Geschlechterbezeichnungen verzichtet. Da die Erzieher*innen in Kindertagesstätten zumeist weiblich sind, haben wir uns hier für die weibliche Form entschieden. Selbstverständlich sind stets alle Geschlechter angesprochen.

Vorbemerkungen

Zu den verwendeten Symbolen

Hauptkategorien:

Bienen und ihr Lebensraum

So sieht die Biene aus

Aufgaben der Biene

Leckerer Honig

Wir helfen Bienen!

Bildungsbereiche:

 Sprachliche Bildung

 Musikalische Bildung

 Ästhetische Erziehung

 Umwelt-, Sach- und Naturbegegnung

 Gesundheit und Ernährung

 Mathematische Bildung

 Wahrnehmung und Entspannung

 Körpererfahrung und Bewegung

Tipps und Anregungen zu den Angeboten

Die einzelnen Angebote sind nicht nach Bildungsbereichen, sondern nach Themen sortiert. Innerhalb der Themen bauen die Angebote aufeinander auf. Selbstverständlich können auch nur einzelne Aufgaben mit den Kindern bearbeitet werden. Die farbigen Bildkarten in der Heftmitte werden für verschiedene Angebote benötigt.

Zu „Sachinformationen für die Erzieherin“:
Diese zusätzlichen Informationen dienen dazu, dass Sie ein Grundwissen zum Thema Bienen erhalten. Sie entscheiden selbst, wie viele Informationen den Kindern weitergegeben werden. Dies hängt davon ab, wie intensiv das Thema bearbeitet werden soll und wie fit die Kinder sind.

Zu „Wimmelbild ‚Auf der Blumenwiese ist viel los‘“, S. 5–6:
Dieses Angebot gibt den Kindern spielerisch einen Einblick darin, welche Pollen Bienen gern sammeln. Auf dem Bild sind daher folgende Blumen, Sträucher, Bäume und Kräuter zu sehen: Brombeere, Sonnenblume, Margerite, Löwenzahn, Lavendel, Salbei, Kirschblüte, Klatschmohn. Sprechen Sie bitte mit den Kindern darüber, dass Bienen nicht alle Pollen mögen, sondern bestimmte Arten bevorzugen. Erklären Sie, dass die Säckchen an den Hinterbeinen der Bienen sogenannte Pollensäckchen sind. Mehr dazu erfahren Sie auch auf dem Arbeitsblatt „Körperbau der Biene“ (s. S. 16).

Vorbemerkungen

Zu „Klanggeschichte", S. 6 – 7:
Hier können die Kinder ruhig auf den Instrumenten spielen, es muss keine genaue Anweisung gegeben werden. Die Kinder mit den Blockflöten und Glockenspielen können zum Beispiel einmal die Tonleiter spielen, die Kinder mit den Triangeln schlagen ein bis drei Mal auf die Triangel usw.

Zu „Zungenbrecher", S. 12:
Diese Zungenbrecher machen den Kindern nicht nur Spaß, sondern sind auch eine tolle Übung der Mundmotorik. Lassen Sie die Kinder – insbesondere Kinder, deren sprachliche Entwicklung etwas verzögert ist – die Zungenbrecher mehrmals hintereinander sprechen. Sie werden sehen, dass die Kinder die Texte mit großer Freude wiederholen werden.

Zu „Wann stechen Bienen?", S. 18:
Bitte erklären Sie den Kindern vor der Bearbeitung des Arbeitsblattes, dass Bienen nur stechen, wenn sie sich bedroht fühlen. Bienen sterben, nachdem sie zugestochen haben, daher stechen sie nur im äußersten Notfall. Wespen können allerdings immer wieder stechen. Bienen besitzen einen Widerhaken am Stachel, der beim Zustechen aus dem Hinterleib gerissen wird. Aus diesem Grund überleben sie dies nicht. Wespen haben hingegen keinen Widerhaken.

Zu „Vom Ei zur Biene", S. 19:
Bei dieser Aufgabe lernen die Kinder, wie sich eine Biene vom Ei bis zur fertigen Biene entwickelt. Kurze Erklärung: Die Bienenkönigin legt pro Wabe ein Ei (Bild 1). Aus dem Ei schlüpft eine kleine Larve (Bild 2), die sich innerhalb weniger Tage zu einer großen Larve entwickelt (Bild 3). Wenn sie groß genug ist, verpuppt sie sich (Bild 4). In der Puppe entwickelt sich das Insekt weiter (Bild 5), bis es als fertige Biene die Wabe verlässt (Bild 6).

Zu „Besuch beim Imker", S. 37 – 38:
Wenn Sie mehr Informationen zum Imkern haben möchten, können Sie zum Beispiel auf dieser Internetseite nachschauen: *www.die-honigmacher.de/kurs1/seite_50000.html*
Schön ist es auch, wenn Sie mit den Kindern einen Ausflug zu einem Imker machen. Einen Imker in Ihrer Nähe können Sie beispielsweise auf dieser Internetseite finden:
www.lvwi.de/honig/imker-in-der-naehe

Zu den Rezepten und den Schmeck-Angeboten, S. 36, 38 – 40:
Bitte achten Sie bei den Rezepten und den Schmeck-Angeboten auf eventuelle Lebensmittelunverträglichkeiten der Kinder. Bei den Rezepten finden Sie außerdem noch alternative Zutatenvorschläge für eine Ernährung ohne Gluten oder Laktose.

Nützliche Internetseiten rund um Bienen und Bienenschutz:
www.bienenretter.de/hilf-den-bienen/
www.bienenfuettern.de/
www.bund.net/themen/umweltgifte/pestizide/bienen-und-pestizide
www.mellifera.de/bienen-schuetzen/
www.deutschland-summt.de
www.bee-careful.com/de/initiative/

Kopiervorlage „Wimmelbild“

Wimmelbild „Auf der Blumenwiese ist viel los“

ab 2 Jahren

Material:

Kopiervorlage „Wimmelbild“ (s. S. 5), ggf. farbige Bildkarten verschiedener Pflanzen (s. Farbbogen in der Heftmitte)

Vorbereitung:

Die Vorlage „Wimmelbild“ wird im Vorfeld auf die gewünschte Größe (z. B. DIN A3) hochkopiert.

Arbeitsanleitung:

Die Erzieherin betrachtet mit den Kindern das Wimmelbild und lässt sie berichten, was sie dort entdecken können. Mit zusätzlichen Fragen werden die Kinder zum Erzählen motiviert.

Dies könnten zum Beispiel folgende Fragen sein:

- Wie viele Bienen könnt ihr entdecken?
- Wisst ihr, welche Blumen, Bäume und Kräuter auf dem Bild sind?
  (Hier können die farbigen Bildkarten als Hilfestellung für die Kinder verwendet werden.)
- Warum sind gerade diese Pflanzen abgebildet?
- Was haben die Bienen für Säckchen an den Beinen?

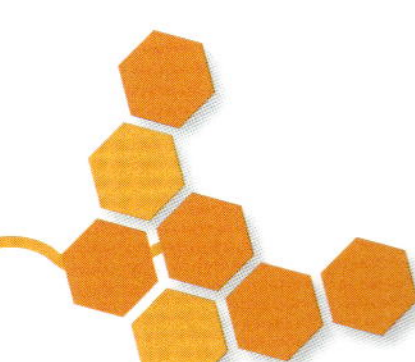

Klanggeschichte (1)

ab 4 Jahren

Material:

Geschichte (s. S. 7), 1 Trommel, 1 Blockflöte, 1 Glockenspiel, mehrere Triangeln, Rasseln, Ratschen, evtl. 1 Mobiltelefon / Computer o. Ä. (zur Aufnahme)

Arbeitsanleitung:

Die Instrumente werden unter den Kindern aufgeteilt, sodass jedes Kind ein eigenes Instrument erhält.
Anschließend liest die Erzieherin die Geschichte ruhig vor.
Bei einem zweiten Durchgang steigen die Kinder mit den Instrumenten ein. Sie bekommen ein Zeichen, wenn sie mit ihren Stimmen und ihren Instrumenten an der Reihe sind, den Text musikalisch zu begleiten.
Die Klanggeschichte kann ruhig an mehreren Tagen hintereinander geübt werden, damit die Kinder immer sicherer werden.
Zum Schluss nimmt die Erzieherin die Klanggeschichte zum Beispiel mit einem Computer oder einem Mobiltelefon auf und vervielfältigt sie für die Kinder.
Alternativ wird die Klanggeschichte auf einem Fest vorgeführt (s. S. 47).

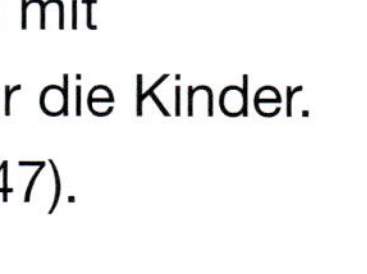

Klanggeschichte (2)

Geschichte:

Es war einmal eine kleine Biene. Ihr Name war Sophine. Sie fand ihr Leben im Bienenstock auf der großen Wiese viel zu langweilig **(Kinder gähnen lange).** Darum entschied sie eines Tages, in den Urlaub zu fliegen. Sie packte einen kleinen roten Koffer voll Pollen und flog hinaus in die Welt **(Blockflötenmusik).**

Die ersten Tage waren wundervoll. Sophine sah eine kleine Raupe am Boden kriechen **(langsam auf den Ratschen spielen),** sie sah Schmetterlingen zu, wie sie miteinander tanzten **(auf dem Glockenspiel von hell nach dunkel spielen)** und sie konnte Ameisen dabei beobachten, wie sie hintereinander marschierten **(rhythmisch auf die Trommel schlagen).**

Allerdings machte das viele Fliegen sehr hungrig, sodass ihr Vorrat an Pollen bereits nach drei Tagen aufgefuttert war.
„Na gut", dachte sie sich, „das sollte ja für mich als Biene kein Problem sein. Ich sammle einfach neue Pollen."
Aber da der Sommer schon weit vorangeschritten war, fiel es ihr gar nicht so leicht, noch blühende Blumen und Sträucher zu finden. Außerdem war sie mittlerweile in einer Stadt angekommen und hier gab es kaum Blumen. Stattdessen lagen überall nur Steine. Ihr kleiner Bauch knurrte laut **(Kinder machen laute Knurrgeräusche).**
Auch der Lärm in der Stadt wurde immer lauter. Autos rasten an Sophine vorbei **(mit den Rasseln, Ratschen und der Trommel Lärm machen).**
„Puh, ist das anstrengend", dachte sie sich.

Endlich kam sie zu einem kleinen Blumengarten. Schnell flog sie von Blume zu Blume **(fünf Mal sanft die Triangeln anschlagen)** und futterte sich richtig satt. Dann legte sie sich auf eine gemütliche Sonnenblume, blickte in den blauen Himmel und merkte allmählich, wie sehr sie ihre Bienenfamilie vermisste. Also packte sie ihren kleinen Koffer wieder voll mit Pollen und machte sich glücklich auf den Heimweg **(Blockflötenmusik).**

Zu Hause angekommen, freuten sich alle Bienen sehr über ihre Heimkehr. Am Abend feierten sie deshalb ein großes Sommerfest mit Nektar, Pollen und viel schöner Musik **(Glockenspiel, Triangeln und Rasseln spielen).** Sophine wusste jetzt, dass es nirgendwo auf der Welt so schön war, wie in ihrem Bienenstock auf der großen Wiese!

Bienchen auf der Blume

ab 2 Jahren

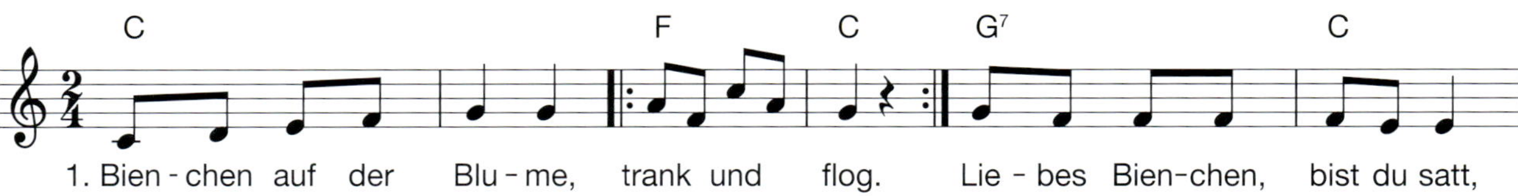

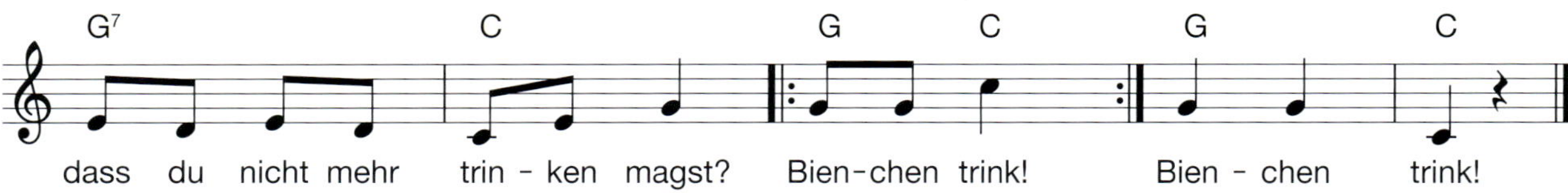

2. Bienchen auf der Blume,
trank und flog,
trank und flog.
Liebes Bienchen, bist du satt,
dass du nicht mehr fliegen magst?
Liebes Bienchen, bist du satt,
dass du nicht mehr fliegen magst?
Bienchen flieg!
Bienchen flieg!
Bienchen flieg!

Melodie: traditionell nach „Häschen in der Grube“ von Friedrich Fröbel (1840)
Text: Melanie Braun

Hinweis:

Dieses Lied ist eher einfach und demnach gut für den Einstieg geeignet, da es die Kinder auf das Thema „Bienen“ einstellt. Außerdem lernen die Kinder den Text schnell, sodass sie schon bald mitsingen können.

Bienen-Traumfänger

ab 4 Jahren

Material:

1 Pappteller pro Kind, Kopiervorlage „Bienen“ (s. S. 10), dickeres Papier, Buntstifte, 1 Schere pro Kind, Wolle, Prickelnadeln

Vorbereitung:

Die Vorlage „Bienen“ wird auf dickeres Papier kopiert und ausgeschnitten. Jedes Kind erhält später eine eigene Biene, deswegen bietet es sich an, die verschiedenen Vorlagen einfach mehrmals zu kopieren.

Arbeitsanleitung:

1. Jedes Kind sucht sich eine der Bienen von der Vorlage aus und malt diese aus.
2. Anschließend werden die Ränder der Pappteller auf beiden Seiten mit bunten Blumen oder grüner Wiese bemalt.
3. Im nächsten Schritt hilft die Erzieherin den Kindern. Mit Prickelnadeln werden in regelmäßigen Abständen Löcher in den Randstreifen der Pappteller – zum Innenteil hin – gestochen. Die Löcher sollten etwa 2 – 3 cm auseinander sein.
4. Jetzt werden mit Hilfe der Scheren oder Prickelnadeln die Innenteile der Teller vom Randstreifen entfernt.
5. Die Kinder nehmen nun ein langes Stück Wolle, führen es kreuz und quer von einem Loch zum anderen und ziehen es durch die Löcher.
6. In die Biene sowie in den unteren Teil des Tellerrandes wird ebenfalls jeweils ein Loch gestochen. Dann wird die Biene mit einem kürzeren Stück des Fadens, der durch die beiden Löcher gezogen wird, am Tellerrand befestigt.
7. Jetzt fehlt nur noch eine Schnur zum Befestigen des Traumfängers. Dazu wird oben in den Tellerrand ein weiteres Loch gestochen, durch das ein Faden gezogen wird.

Fertig ist der schöne Traumfänger!
Die Kinder können sich den Traumfänger nun zum Beispiel über ihr Bett hängen, damit er sie vor schlechten Träumen beschützt.

Kopiervorlage „Bienen“

Bienenlichterkette

ab 3 Jahren

Material:

1 kleiner gelber Luftballon pro Kind, Transparentpapier in Gelb, Schwarz und Weiß, Scheren, Kleister, kleine Gummibänder, Wasser, 1 Schüssel (für den Kleister), Kulleraugen, schwarze Pfeifenputzer, Kleber, Draht, 1 Prickelnadel, 1 – 2 Lichterketten

Arbeitsanleitung:

1. Der Kleister wird nach beiliegender Anleitung mit Wasser in einer Schüssel angerührt.
2. Die Luftballons werden aufgepustet und verknotet.
3. In der Zwischenzeit reißen die Kinder das gelbe Transparentpapier in Schnipsel.
4. Anschließend schneiden die Kinder das schwarze Transparentpapier in dünne Streifen.
5. Nun werden die Luftballons mit dem Kleister und den gelben Schnipseln in mehreren Lagen beklebt.
6. Danach erhalten die Luftballons schwarze Bienen-Streifen aus dem zerschnittenen, schwarzen Transparentpapier.
7. Während die Luftballons trocknen, wird das weiße Transparentpapier in ca. 5 x 4 cm große Stücke geschnitten. In der Mitte wird das Transparentpapier mit einem kleinen Gummiband zusammengefasst, damit kleine Flügel entstehen. Dies wird für jeden Ballon gemacht.
8. Wenn die Luftballons getrocknet sind, kleben die Kinder die Kulleraugen auf.
9. Die Pfeifenputzer werden für jede Biene in drei kleine Stücke geschnitten und hintereinander mittig auf die Bienenbäuche geklebt. Sie werden dann am Rand nach unten gebogen, sodass kleine Bienenbeine entstehen.
10. In die Rücken der Bienen werden Löcher geschnitten, sodass später jeweils ein Lämpchen der Lichterkette hineinpasst.
11. Zwei kleine Pfeifenputzerstücke werden jeder Biene als Fühler an den Kopf geklebt.
12. Die Flügel aus Schritt 7 werden bei jeder Biene zwischen dem Loch und den Fühlern aufgeklebt.
13. Links und rechts des Lochs werden mit einer Prickelnadel kleine Löcher für den Draht in jede Biene gestochen.
14. Der Draht wird wie bei Laternen durch die kleinen Löcher gefädelt.
15. Nun wird pro Biene eine Lampe der Lichterkette mit einem kleinen Stück des Kabels hineingelassen. Der Draht wird um das Kabel oberhalb der Biene gedreht, sodass die Bienen fest am Draht hängenbleiben.

Hinweis:

Mit der Lichterkette kann im Gruppenraum für gemütliches Licht gesorgt werden.

Tischlaternen aus Butterbrotpapier

ab 2 Jahren

Material:

je Kind 1 Butterbrotpapier-Beutel, gelbe, schwarze und weitere Wachsmalstifte, Geschenkbänder mit Blumenmuster, 1 Schere, Kleber, Sand, elektrische Teelichter

Arbeitsanleitung:

1. Die Kinder malen ihre Butterbrotpapier-Beutel mit den gelben Wachsmalstiften an.
2. Nun bekommen die Beutel noch schwarze Bienen-Streifen. Die Beutel müssen nicht mit geraden Streifen bemalt werden. Jüngere Kinder dürfen ruhig wild über den Beutel verteilt schwarze Striche und Linien malen.
   Ältere Kinder malen viele kleine Bienen und Blumen auf die Beutel.
3. Dann werden die Geschenkbänder in passende Größen geschnitten und zwar so, dass sie einmal um den aufgestellten Beutel passen.
4. Nun werden die Bänder als Bordüren auf die oberen Ränder der Beutel geklebt.
5. Die Beutel werden wieder aufgestellt und so viel Sand hineingestreut, dass der Boden bedeckt ist und die Beutel stabil stehen bleiben.
6. Zuletzt werden die elektrischen Teelichter in die Beutel hineingestellt.

Hinweis:

Die Tischlaternen aus Butterbrotpapier können als gemütliche Dekoration beim gemeinsamen Essen dienen oder verschenkt werden.

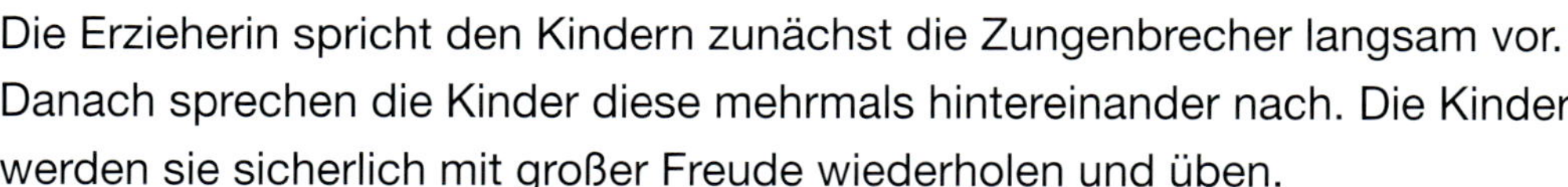

Zungenbrecher

ab 3 Jahren

Arbeitsanleitung:

Die Erzieherin spricht den Kindern zunächst die Zungenbrecher langsam vor. Danach sprechen die Kinder diese mehrmals hintereinander nach. Die Kinder werden sie sicherlich mit großer Freude wiederholen und üben.

Bummelnde Bienen bunkern blaue Blütenpollen,
blaue Blütenpollen bunkern bummelnde Bienen.

Bienen bauen hellbraune Bauten,
hellbraune Bauten bauen Bienen.

Brummende Bienen basteln bald Bienenwaben,
Bienenwaben basteln bald brummende Bienen.

Bienentanz zu „Summ, summ, summ“

ab 3 Jahren

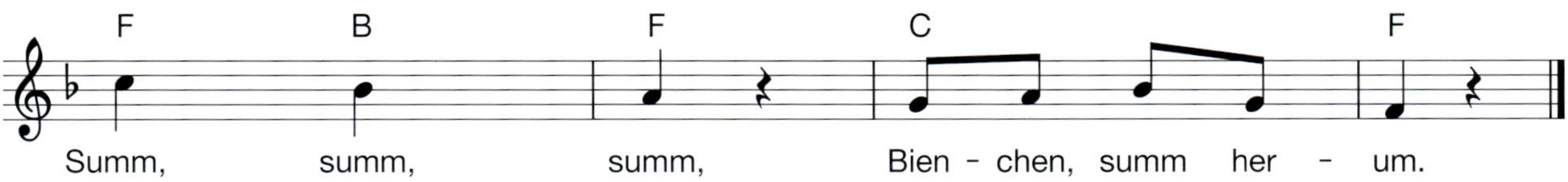

2. Summ, summ, summ, Bienchen, summ herum.
   Such in Blumen, such in Blümchen
   dir ein Tröpfchen, dir ein Krümchen.
   Summ, summ, summ, Bienchen, summ herum.

3. Summ, summ, summ, Bienchen, summ herum.
   Kehre heim mit reicher Habe,
   bau uns manche volle Wabe.
   Summ, summ, summ, Bienchen, summ herum.

Melodie und Text: traditionell nach Hoffmann von Fallersleben (1842)

Arbeitsanleitung:

Den Kindern wird das Lied vorgesungen. Danach stimmen sie mit ein, damit sie mit dem Text vertraut werden.

Sachinformationen für die Erzieherin:

Bienen kommunizieren über Tänze. Durch den Schwänzeltanz teilen sie anderen Bienen gute Futterquellen mit, die weiter als 100 m vom Bienenstock entfernt sind. Der Tanz wird in einem bestimmten Winkel zur Sonne aufgeführt. Dadurch erfahren die anderen Bienen, dass sie genau in diesem Winkel zur Sonne fliegen müssen, um die Pollen zu finden. Die Biene tanzt dabei in Schwänzelbewegungen, deren Intensität mitteilt, wie ergiebig die Futterquelle ist. Durch die Anzahl der Durchläufe erklärt sie den anderen, wie weit die Futterquelle vom Bienenstock entfernt ist. Je mehr Runden sie tanzt, desto weiter ist die Quelle entfernt.

Entspannungsgeschichte

ab 3 Jahren

Material:
Geschichte (s. u.), Kissen, Decken, evtl. weiche Matten

Arbeitsanleitung:
Die Kinder machen es sich auf den Matten und Kissen gemütlich. Sie können sich dabei mit den Decken zudecken.
Dann liest die Erzieherin den Kindern die Entspannungsgeschichte ruhig vor.
Wenn die Geschichte zu Ende erzählt ist, sollen sich die Kinder unbedingt noch strecken und recken, bevor sie aufstehen.

Geschichte:
Es ist Sommer. Du liegst auf einer kuscheligen Decke auf der Wiese. Die Sonne strahlt dir warm ins Gesicht. Überall riecht es nach süßen Blumen.

Um dich herum hörst du ein entspanntes Summen. Ganz nah bei dir fliegen Bienen, die auf der Suche nach leckeren Pollen sind.

Du merkst, wie das Geräusch ihres Summens ein leicht kribbelndes und wohliges Gefühl in deiner Brust erzeugt. Du bist ganz ruhig und gelassen dabei. Du atmest tief ein ... und aus … und ein … und aus.

Das wohlige Gefühl breitet sich in deinem Körper aus. Es fließt hinunter in deinen Bauch. Dort wird es nun ganz warm. Du fühlst dich wohl.

Nun fließt das kribbelige Gefühl in den rechten Arm bis in die Hand hinein und dann in den linken Arm bis in die Hand hinein. Du bist ruhig und gelassen.

Jetzt verteilt sich das Gefühl in beiden Beinen. Auch deine Füße werden angenehm warm.

Du hörst die Bienen immer noch summen. Du atmest ein … und aus … ein … und aus. Du bist ganz entspannt.

Nun breitet sich das Gefühl bis in deinen Kopf hinein aus. Du spürst es im Nacken, an den Schultern und an der Stirn. Du fühlst dich wohl und bist ganz ruhig.

Atme wieder tief ein … und langsam aus …, tief ein … und langsam aus.
Dein ganzer Körper ist entspannt.

(1 Minute so verweilen)

Öffne jetzt deine Augen. Spüre deinen Rücken, deine Arme und Beine. Strecke und recke dich ganz fest. Jetzt bist du wieder fit und erholt.

Bienen-Mobile

ab 4 Jahren

Material:

2 etwa gleich große Holzstöcke pro Kind, Bindfaden, 4 kleine gelbe Luftballons pro Kind, Pinsel, schwarze Acrylfarbe, Sand, 1 Trichter, Krepppapier in Weiß oder Rosa, schwarze Pfeifenputzer, Schere, Heißklebepistole

Arbeitsanleitung:

1. Zuerst wird mit Hilfe eines Trichters Sand in die gelben Luftballons gefüllt. Der Sand sollte gerade so viel sein, dass die befüllten Ballons wie kleine Bienenkörper aussehen – sie sollen etwa so groß sein, wie die Hand eines Erwachsenen. Die Erzieherin achtet darauf, dass die Körper bei jedem Mobile etwa gleich schwer sind. Die Luftballons werden mit einem Knoten verschlossen.
2. Danach malen die Kinder mit den Pinseln und der Acrylfarbe schwarze Streifen und Augen auf die Bienenkörper. Die zugeknotete Seite des Luftballons ist dabei die Hinterseite der Biene. Die Farbe muss nun erst einmal trocknen.
3. In der Zwischenzeit wird für jede Biene ein rechteckiges Stück Krepppapier (ca. 5 x 4 cm) in Weiß oder Rosa abgeschnitten.
4. Die Krepppapier-Stücke werden dann in der Mitte mit einem Bindfaden so zusammengefasst und zusammengebunden, dass sie wie Flügel aussehen.
5. Aus einem Pfeifenputzer werden nun drei gleich lange Stücke geschnitten. Dies werden die Beine. Ebenso wird ein etwa 2 cm langes Stück Pfeifenputzer als Rüssel abgeschnitten.
   Der Rest des Pfeifenputzers wird in der Mitte geteilt und bildet die beiden Fühler.
6. Danach werden die beiden Stöcke in der Mitte gekreuzt übereinandergelegt und mit einem Bindfaden aneinandergebunden.
7. Wenn die Acrylfarbe auf den Bienen getrocknet ist, befestigt die Erzieherin die Flügel mit der Heißklebepistole oben am vorderen Teil des Bienenkörpers. **Achtung:** Die Klebearbeiten mit der Heißklebepistole übernimmt ausschließlich die Erzieherin!
8. In der Mitte der Beinstücke wird ein Tropfen des Heißklebers platziert. Diese Stelle wird dann so auf die Unterseite der Bienen geklebt, dass die rechte und linke Seite der Pfeifenputzer schräg nach unten gebogen werden können. Bei jeder Biene wird dies drei Mal gemacht, damit sie insgesamt sechs Beine erhält. Die Beine werden dabei einfach hintereinandergeklebt.
9. Die Fühler werden am Kopf vor die Augen geklebt, da sich diese bei einer Biene tatsächlich vor den Augen befinden. Ebenso wird der Rüssel an den Mund geklebt.
10. Nun wird um jede Biene in der Mitte ihres Körpers ein gleich langes Stück Bindfaden gebunden. Damit wird an jedem Ende der Mobile-Stöcke eine Biene befestigt.

Hinweis:

Die fertigen Mobiles können im Gruppenraum aufgehängt werden. Die Intention dieses Angebotes ist es, dass die Kinder Grundlegendes über den Körperbau der Biene lernen, zum Beispiel, dass sie sechs Beine hat.

Körperbau der Biene

ab 2 Jahren

Material:

Kopiervorlage „Biene“ (s. u.)

Vorbereitung:

Die Vorlage „Biene“ wird (hoch-)kopiert.

Arbeitsanleitung:

Die Erzieherin fragt die Kinder, was sie über Bienen wissen. Daraufhin lässt sie sie zunächst frei erzählen. Anschließend schauen sich die Kinder das Bild der Biene genau an. Anhand des Bildes wird gemeinsam der Körperbau der Bienen besprochen.

Mögliche Fragen sind zum Beispiel:

- Wie sieht die Biene aus?
- Wie viele Beine hat eine Biene?
- Wie sehen die Augen der Biene aus?
- Was denkt ihr, womit frisst die Biene?

Sachinformationen für die Erzieherin:

Das sogenannte Mundwerkzeug wird von den Bienen nur ausgefahren, wenn sie Nektar aus Blüten sammeln und Nahrung aufnehmen. Das mittlere Stück hat dabei eine ähnliche Funktion wie eine Zunge.

Kopiervorlage „Biene“

Das Facettenauge

ab 5 Jahren

Material:

Kopiervorlage „Fehler finden“ (s. u.), je Kind 1 Bleistift, ggf. Buntstifte

Vorbereitung:

Die Vorlage „Fehler finden“ wird im Vorfeld für jedes Kind (hoch-)kopiert.

Arbeitsanleitung:

Die Erzieherin erklärt den Kindern die Facettenaugen der Bienen. Facettenaugen bestehen aus vielen einzelnen Augen. Die Biene sieht mit jeder Facette dasselbe Bild. Erst im Gehirn der Biene werden die einzelnen Bilder zu einem einzigen Bild zusammengefügt. Ein Vorteil von Facettenaugen ist, dass die Bienen so auch im Flug Bilder deutlich sehen können.
Nun schauen sich die Kinder die Kopiervorlage „Fehler finden“ genau an. Es gibt sieben falsche Bilder, die die Kinder finden und einkreisen sollen.
Wenn die Kinder möchten, können sie die Bilder zum Schluss noch ausmalen.

Kopiervorlage „Fehler finden“

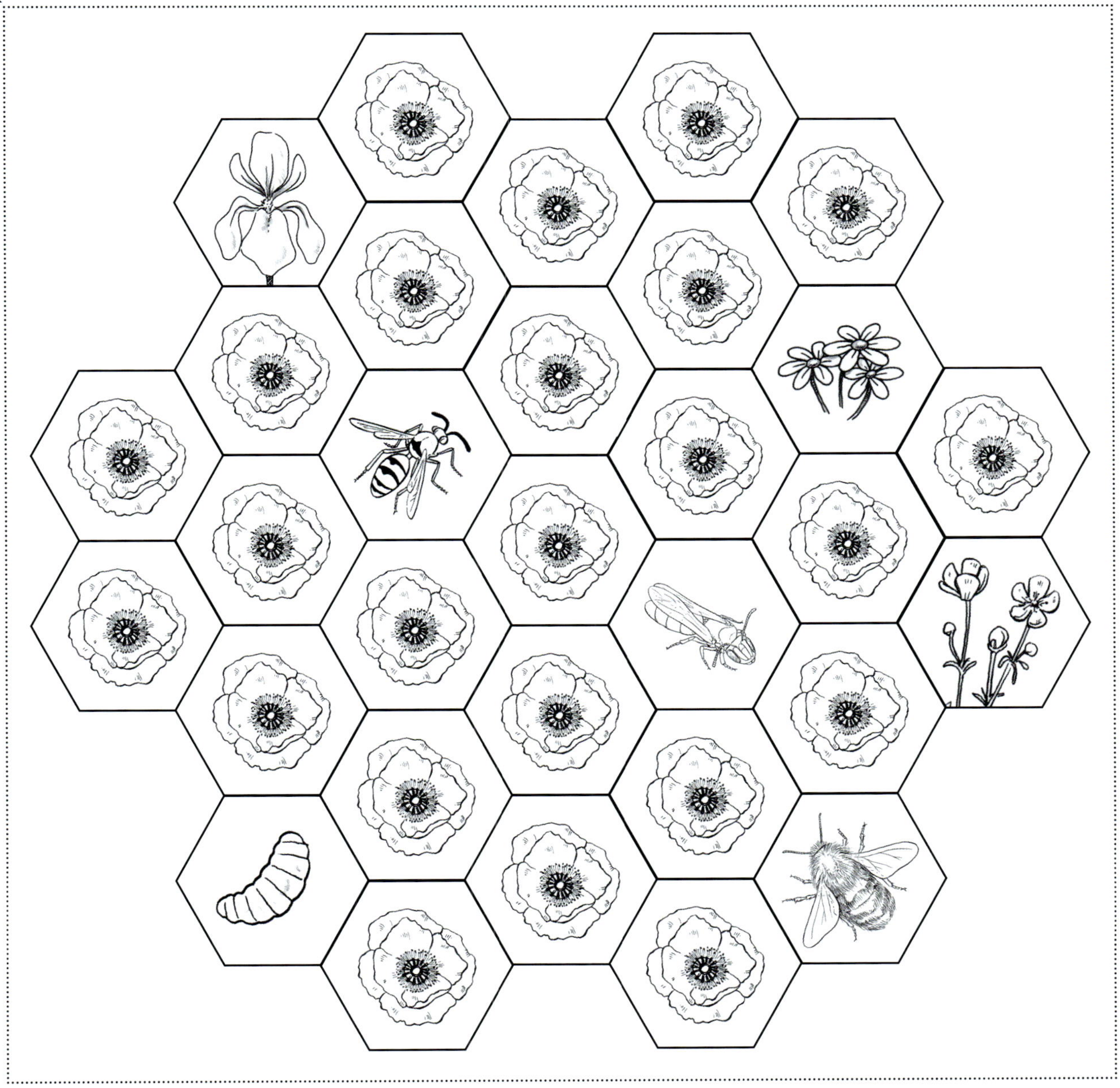

Wann stechen Bienen?

Wann sticht eine Biene?

Kreise die Bilder ein.

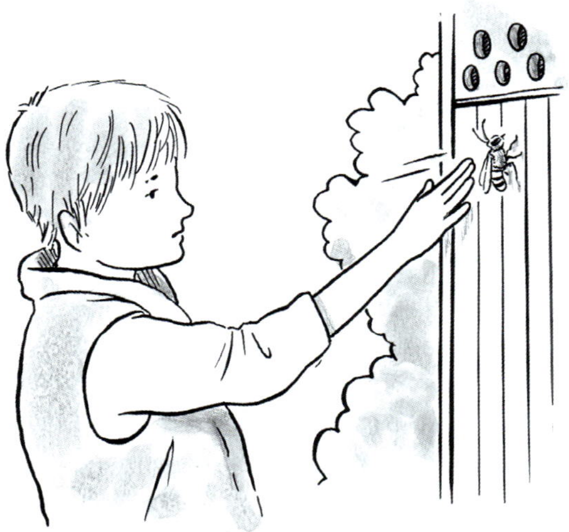

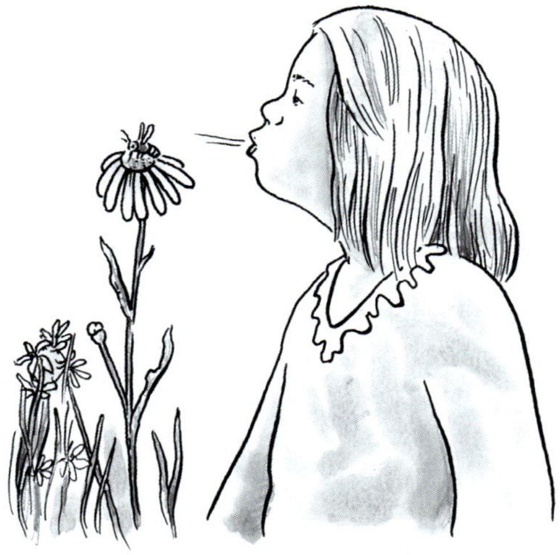

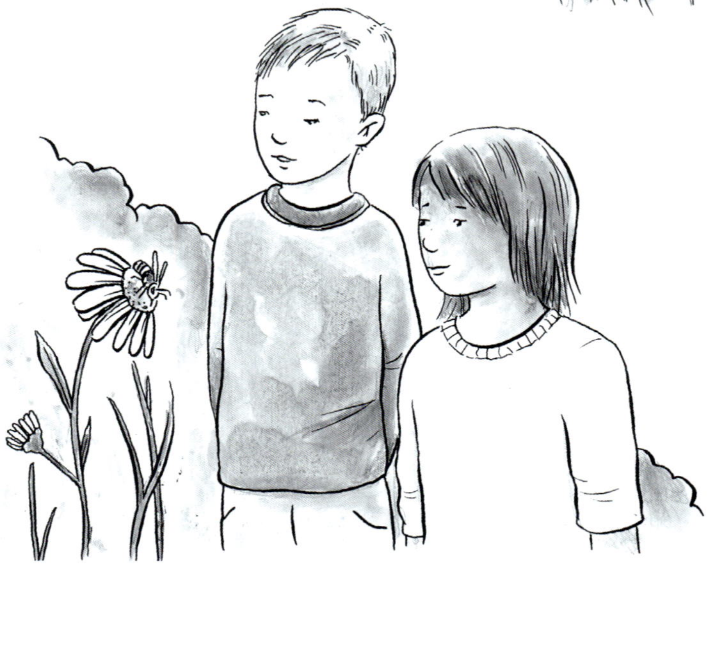

Vom Ei zur Biene

Schneide die Bilder aus.

Klebe sie in der richtigen Reihenfolge auf.

4	6
1	5
3	2

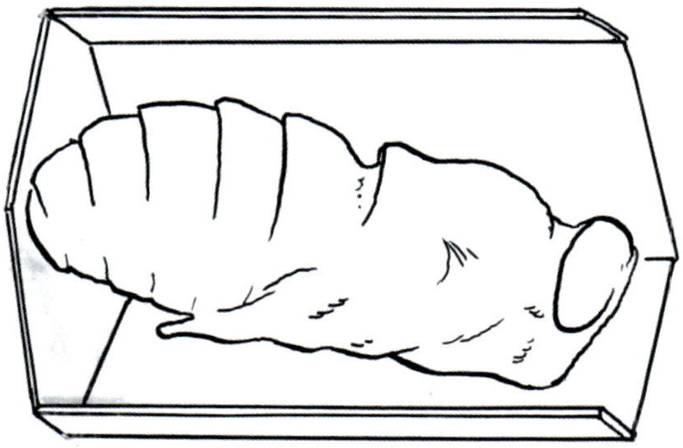

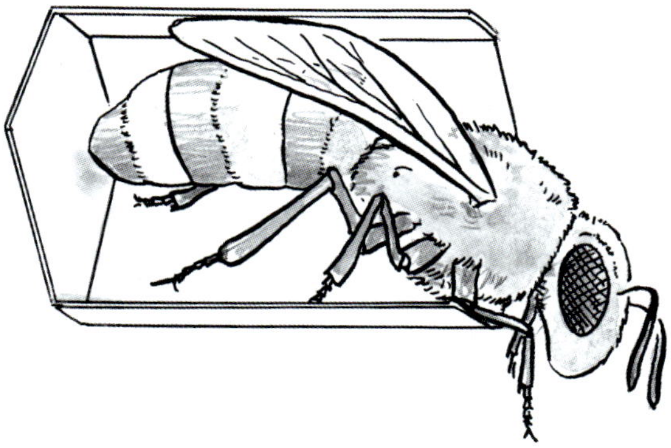

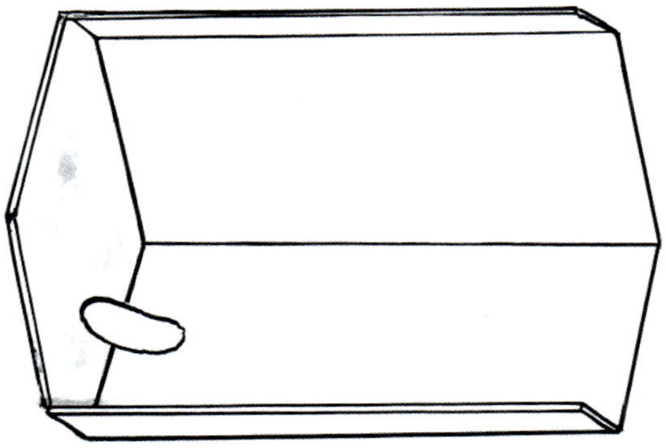

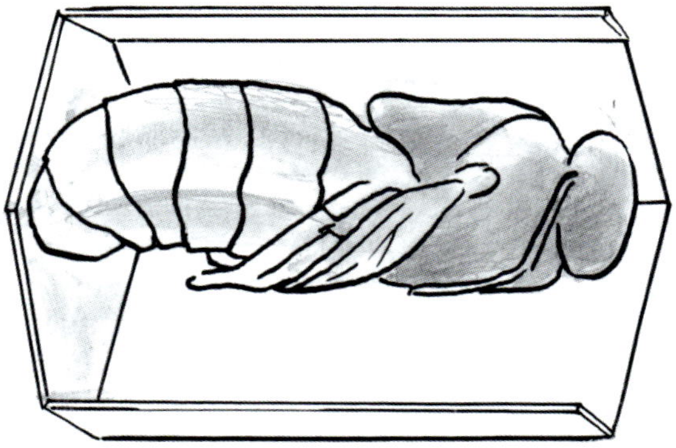

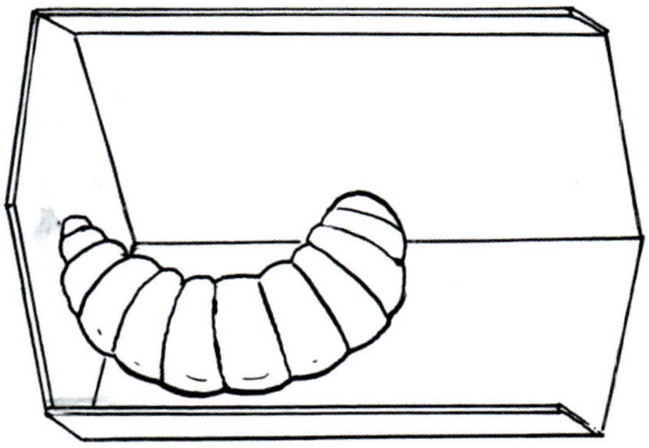

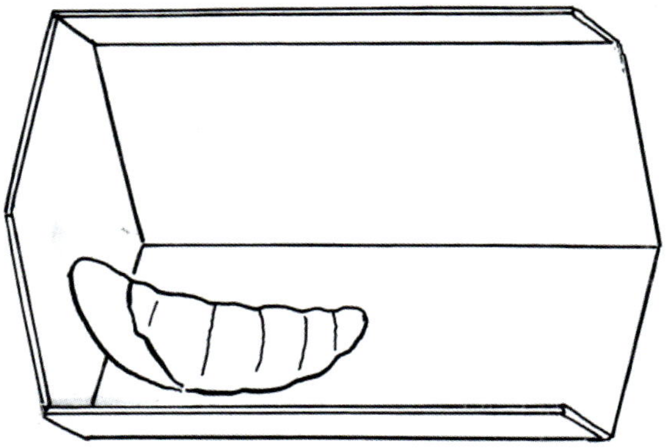

Welche Bilder sind gleich?

Schaue genau.
Kreise das gleiche Bild ein.

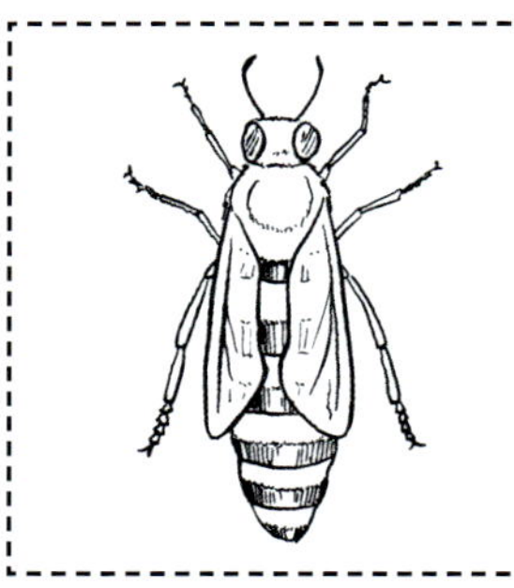 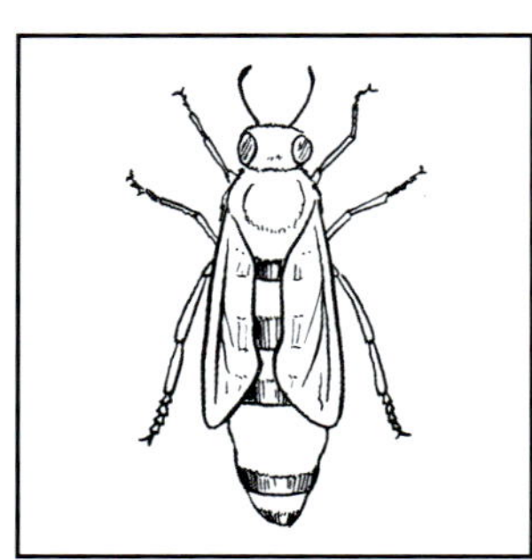 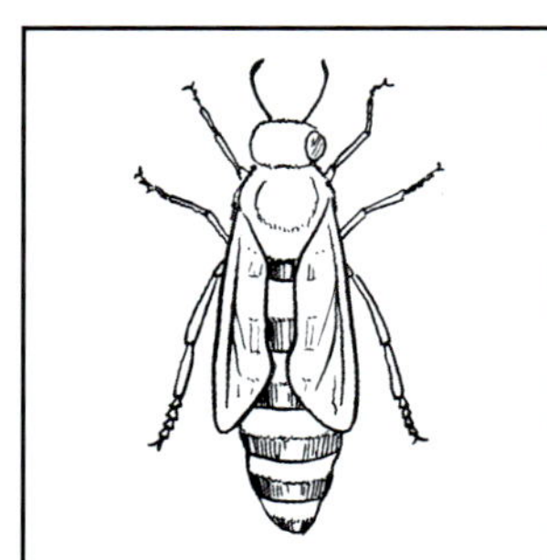 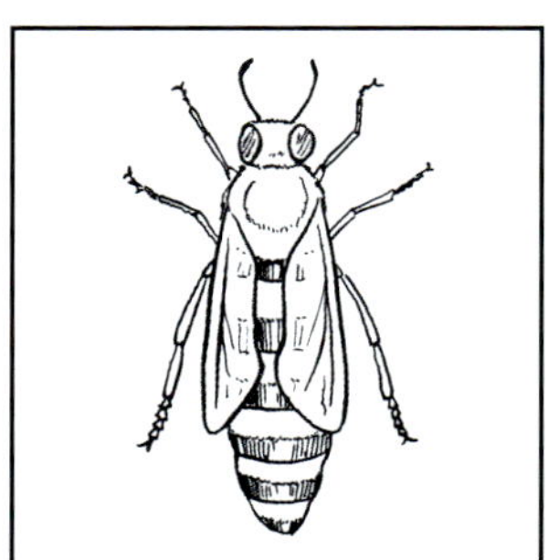

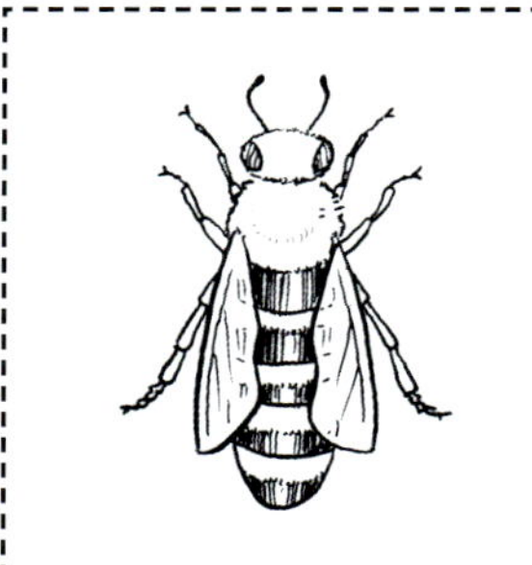 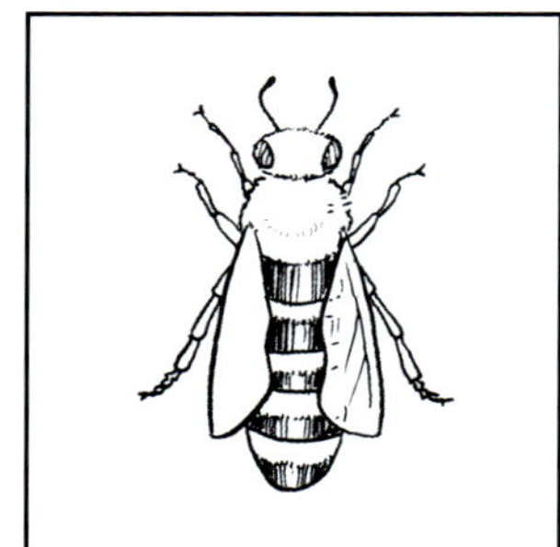  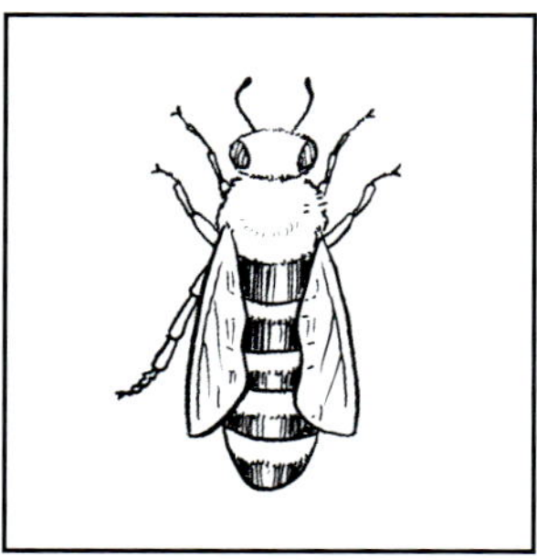

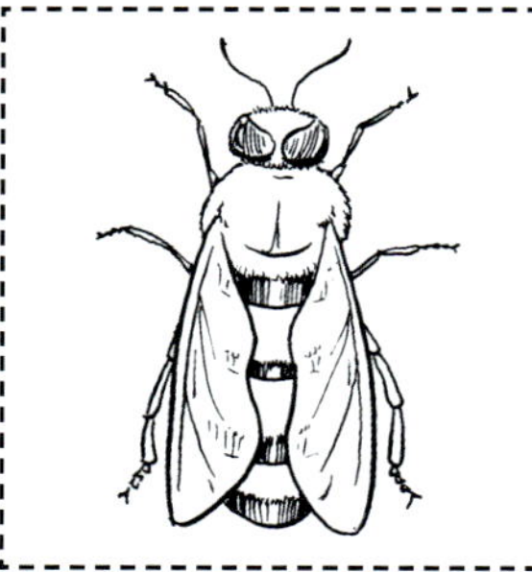 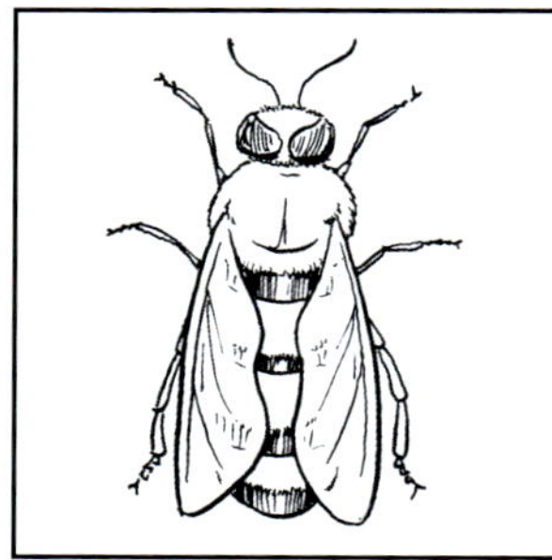 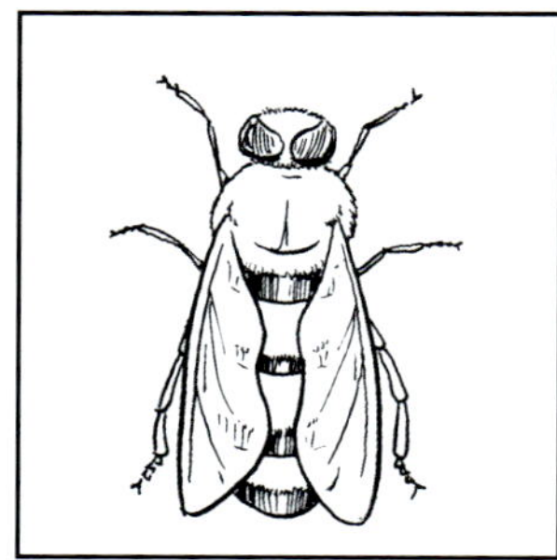 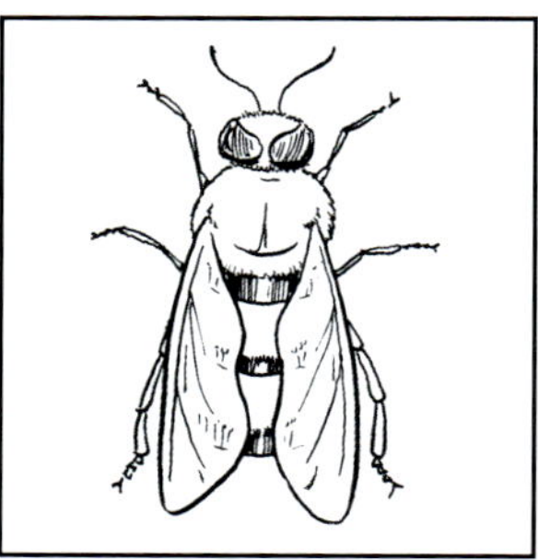

 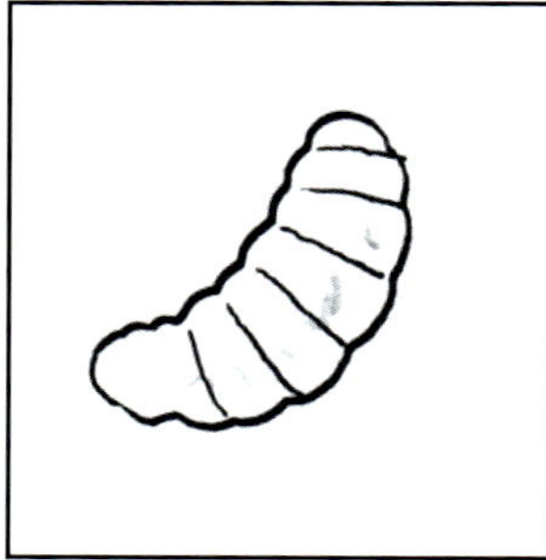 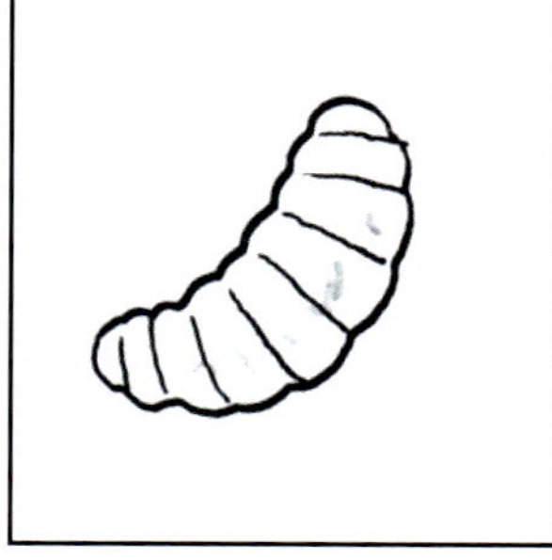 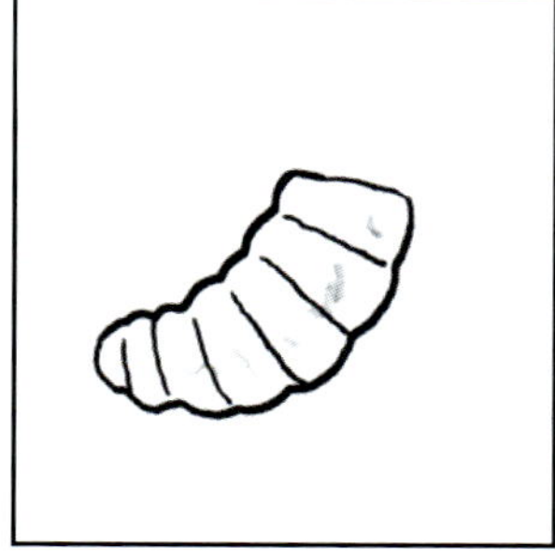

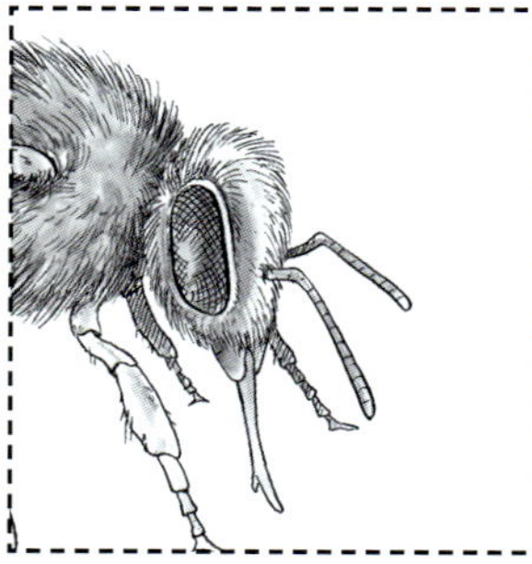 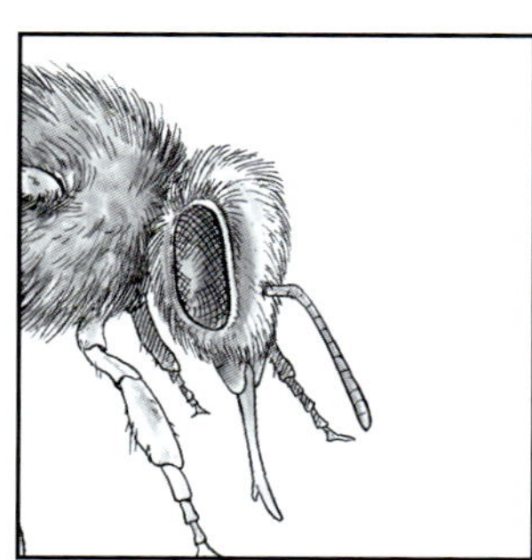 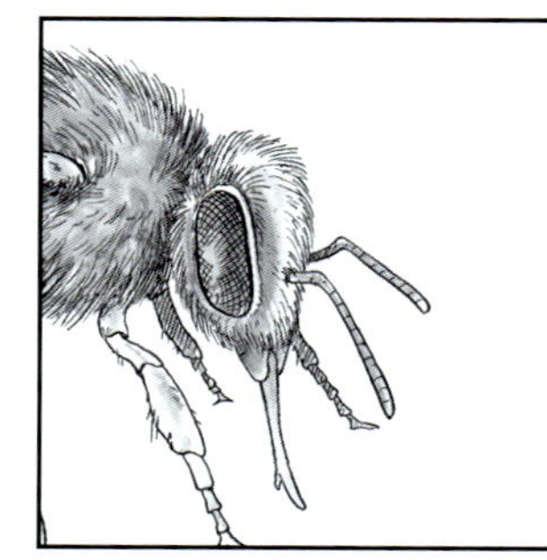 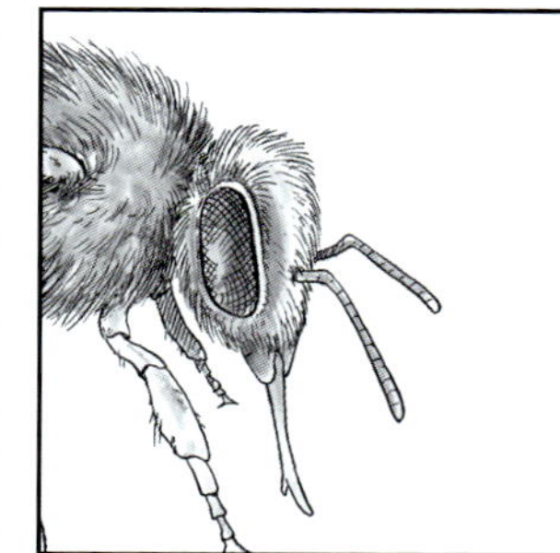

Wildbienen-Büchlein

ab 3 Jahren

Material:

Kopiervorlage „Wildbienen“ (s. S. 22), farbige Bildkarten (s. Farbbogen in der Heftmitte), Buntstifte, 1 Locher, Geschenkbänder, Scheren, ggf. 1 Laminiergerät und -folie

Vorbereitung:

Die Vorlage „Wildbienen“ wird kopiert und vorbereitet, indem die Bienen in den richtigen Farbkombinationen von der Erzieherin ausgemalt werden. Dazu können sich zum Beispiel die farbigen Bildkarten in der Heftmitte angesehen werden. Die Bilder der Vorlage werden anschließend laminiert.

Alternativ können den Kindern natürlich auch direkt die farbigen Bildkarten aus der Mitte des Heftes gezeigt werden. Der Vorteil der ausgemalten Bilder ist hier, dass die Kinder die Bienen in den gleichen Positionen sehen wie auf ihren Kopiervorlagen. Somit fällt es einigen Kindern leichter, die richtigen Farben zuzuordnen. Die farbigen Bildkarten sind eher für ältere Kinder geeignet, da das Arbeiten damit in diesem Angebot etwas schwieriger ist.

Für jedes Kind wird nun ebenfalls ein Satz der Vorlagen (hoch-)kopiert.

Arbeitsanleitung:

Die Erzieherin kommt mit den Kindern an einem Tisch zusammen.

Den Kindern werden nun die vorbereiteten, farbigen Bilder der Wildbienen bzw. die Bildkarten aus der Heftmitte gezeigt.

Anschließend werden die Kinder gefragt, ob sie die eine oder andere Wildbiene auf den Bildern schon einmal gesehen haben. Sicherlich kennen einige Kinder Mauerbienen oder Hummeln aus ihrem Garten. Die Erzieherin lässt die Kinder erzählen und unterstützt sie ggf. mit Fragen, wie zum Beispiel:

- Wo hast du diese Biene schon einmal gesehen?
- Wie hat sie sich angehört?
- Wie sieht die Biene aus?
- Wie unterscheiden sich die Bienen?

Nun erhält jedes Kind einen Satz der Kopien. Die Kinder malen die Bienen nun aus, wobei sie sich jederzeit die Vorlagen der Erzieherin ansehen können. Danach schneiden die Kinder die Bilder auseinander. Nun werden die einzelnen Bilder gelocht und mit dem Geschenkband zu einem kleinen Büchlein zusammengebunden.

Kopiervorlage „Wildbienen“

Hummel	Seidenbiene
Rostrote Mauerbiene	Maskenbiene
Gemeine Pelzbiene	Garten-Wollbiene

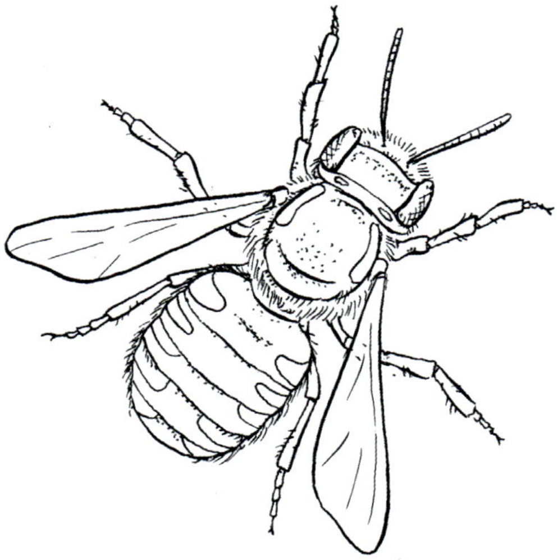

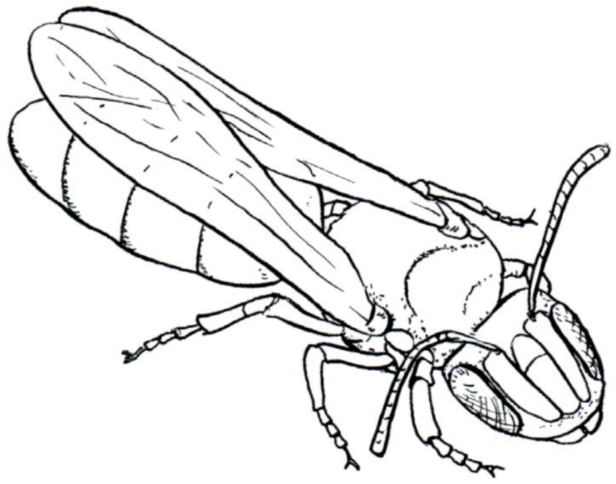

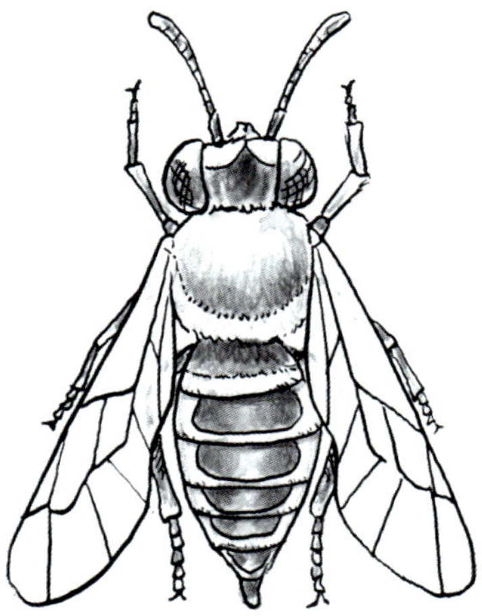

Rückseite Bildkarten (1)

Bildkarten (1)

Bildkarten (2)

Rückseite Bildkarten (2)

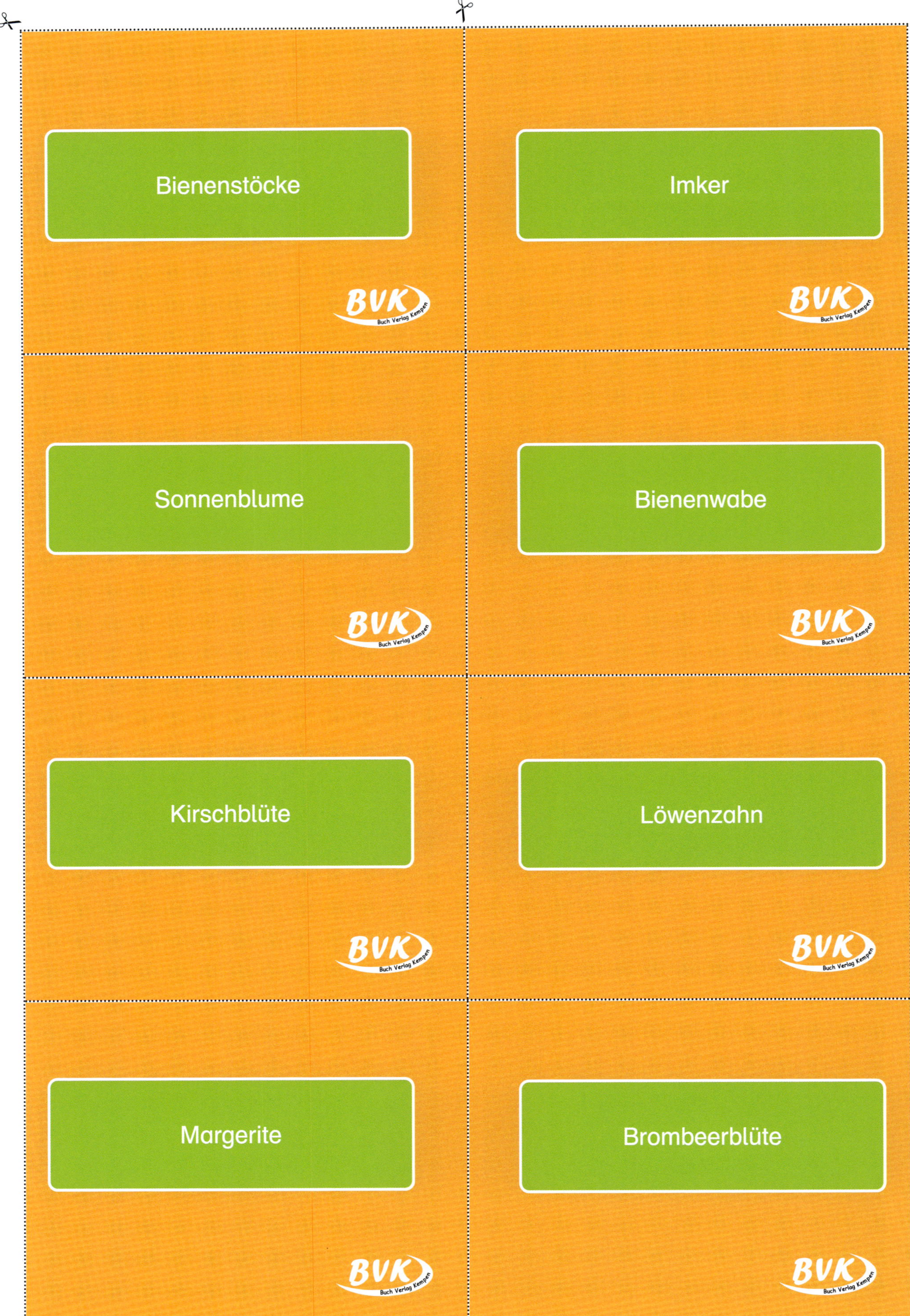

Biene oder Wespe?

ab 4 Jahren

Material:

Bildkarten „Biene oder Wespe?“ (s. S. 28 oder Farbbogen in der Heftmitte)

Vorbereitung:

Die Bildkarten „Biene oder Wespe?“ werden im Vorfeld kopiert. Alternativ können auch die entsprechenden Bildkarten vom Farbbogen in der Heftmitte verwendet werden.

Arbeitsanleitung:

Gemeinsam mit den Kindern betrachtet die Erzieherin die Bildkarten. Die Kinder beschreiben, was sie sehen und erklären, was sie bereits über Bienen und Wespen wissen.
Folgende Fragen können Gesprächsanlässe bieten:

- Worin unterscheiden sich Bienen und Wespen?
- Welche Erfahrungen habt ihr mit Wespen gemacht?
- Was fressen Bienen und was fressen Wespen?
- Wo habt ihr Bienen oder Wespen schon einmal gesehen?
- Warum stechen Wespen eher zu als Bienen?
- Was haben die beiden Tiere gemeinsam?
- Wie verhalte ich mich, wenn eine Wespe an mein Essen will?
- Was könnte ich tun, um die Wespe von meinem Essen abzulenken?

Sachinformationen für die Erzieherin:

Fast alle Wespenarten leben, genau wie Bienen, in Staaten zusammen. Es gibt in jedem Wespenstaat eine einzige Königin, viele Arbeiterinnen und Drohnen, die nur die Aufgabe der Befruchtung haben. Die Wespen, die uns im Sommer begegnen, sind daher nicht nur auf der Suche nach Futter für sich, sondern versorgen auch die im Wespennest bleibenden Wespen und die Königin. Sie ernähren sich von Obst, Fleisch, Insekten, Pollen und Nektar.
Wenn der Herbst naht, suchen Wespen besonders eiweißhaltige und zuckerhaltige Nahrung, um genügend Energie für ihr Überleben zu erhalten. Da ihr Nahrungsangebot nun knapp wird, neigen sie dazu, bei der Erbeutung von Nahrung aggressiver zu werden.
Wespen können, anders als Bienen, immer wieder stechen. Bienen sterben, wenn sie stechen, Wespen jedoch nicht. Wenn uns eine Wespe bedrängt, weil sie an unser Essen oder Trinken möchte, ist es wichtig, Ruhe zu bewahren. Sie stechen zu, wenn sie sich durch Schläge, Pusten o. Ä. bedroht fühlen. Um Wespen zum Beispiel vom Essenstisch im Freien loszuwerden, hilft es sehr, ihnen in der Nähe einen eigenen Teller mit etwas Eiweiß- oder Zuckerhaltigem hinzustellen.

Bildkarten „Biene oder Wespe?“

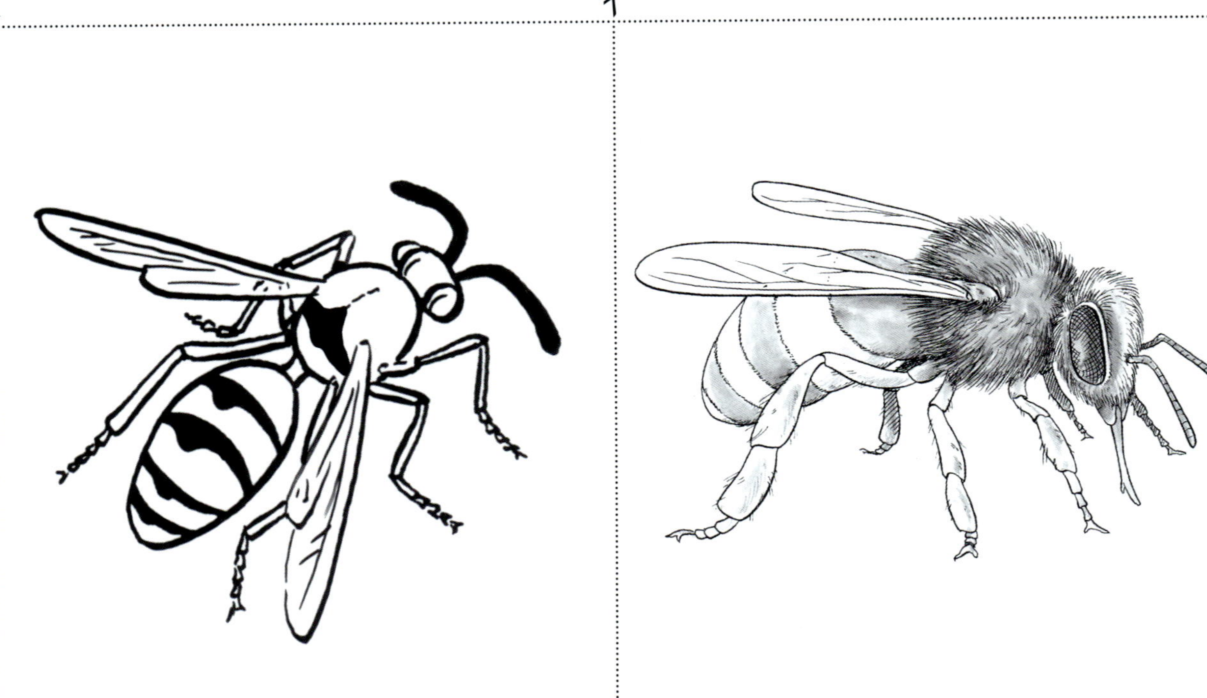

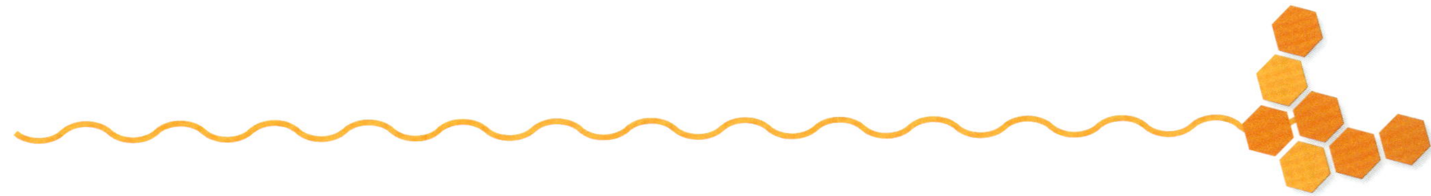

Kopiervorlage „Bienenfamilie“ (zu S. 32)

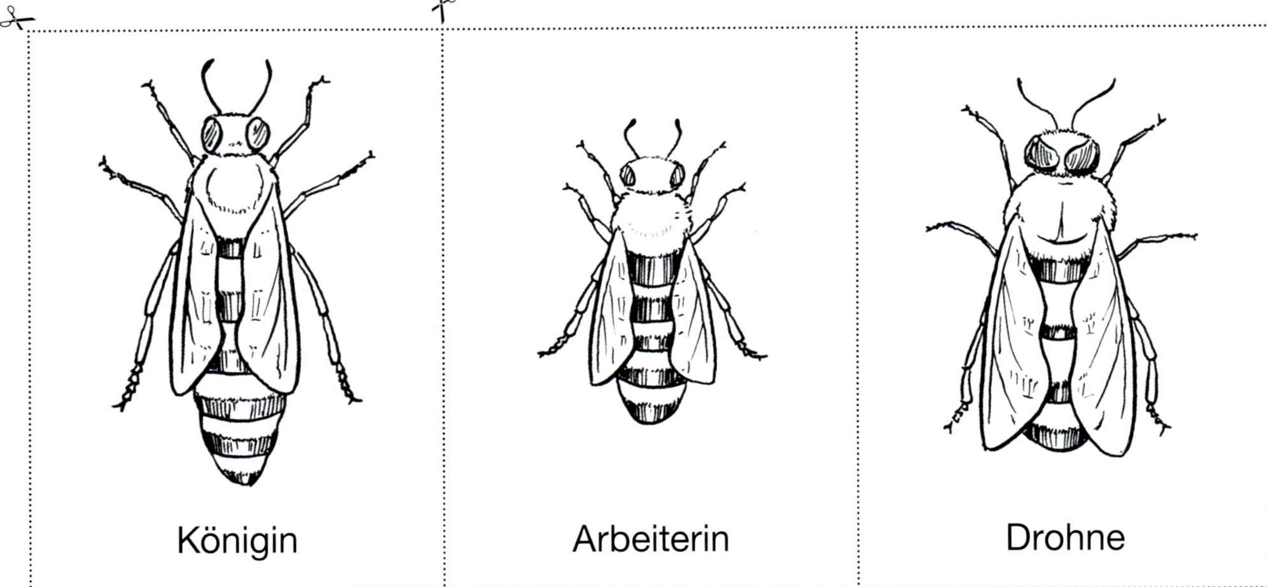

Geschichte „Minchen, das kleine Bienchen“

ab 3 Jahren

Material:

Geschichte (s. u.)

Arbeitsanleitung:

Den Kindern wird die Geschichte vorgelesen. Danach spricht die Erzieherin mit ihnen darüber, was eine Biene alles macht. Was haben die Kinder aus der Geschichte behalten?
Dabei können den Kindern Fragen gestellt werden, damit die Sachinformationen aus der Geschichte thematisiert werden. Dies könnten sein:

- Wie ist die Reihenfolge der Entwicklung der Biene?
- Womit wird Minchen am Anfang gefüttert?
- Was gefällt ihr besonders gut an ihrem Körper?
- Was sammelt Minchen mit den anderen Bienen?

Geschichte:

Es war einmal ein kleines Ei in einer Bienenwabe. Das Ei wurde zuvor von einer Bienenkönigin gelegt. Nach wenigen Tagen schlüpfte eine Larve daraus. Die Larve war sehr klein und hatte riesigen Hunger. Die Biene, die sich um die Larven kümmerte, nannte die kleine Larve Minchen.
Minchen wurde jeden Tag mit leckerem Brei und Futtersaft gefüttert. Schon nach kurzer Zeit durfte sie sogar Blütenstaub und Honig essen. So wurde Minchen zu einer großen Larve.

Als sie dann groß genug war, baute sie sich ein kleines Häuschen um sich selbst. Dort ruhte sie sich aus. Nach etwa neun Tagen schlüpfte Minchen aus ihrem Haus heraus.
Sie war jetzt eine richtige Biene und mächtig stolz darauf. Besonders ihre weichen Flügel und die Haare auf ihrem Oberkörper gefielen ihr sehr gut!

Während der ersten Tage musste sie allerdings noch im Bienenstock bei ihrer Bienenfamilie bleiben. Minchen konnte es kaum erwarten, endlich hinaus in die Natur zu dürfen. Aber sie musste erst dabei helfen, den Bienenstock sauber zu halten und sich um ihre kleinen Geschwister, die jüngeren Larven, zu kümmern.

Doch dann kam Minchens großer Tag. Sie durfte endlich den Bienenstock verlassen und mit den großen Bienen Blütenstaub sammeln. Minchen war sehr aufgeregt!
Bei ihrem ersten richtigen Flugversuch hätte sie beinahe eine Bruchlandung gemacht – aber alles war doch noch gut gegangen. Puh, Glück gehabt, Minchen!

Mittlerweile ist Minchen eine richtig tolle Pollensammlerin geworden. Und wenn ihr einmal eine Biene in einer wundervoll duftenden Blume seht, seid nett zu ihr und gebt gut auf sie Acht, denn es könnte das kleine Minchen sein!

Sammelnde Bienen

ab 2 Jahren

Material:

Text und Bewegungen (s. u.)

Arbeitsanleitung:

Die Erzieherin liest die Geschichte und macht zeitgleich die passenden Bewegungen vor.
Anschließend machen die Kinder die Bewegungen mit.

Text	Bewegungen
Drei Bienen fliegen im Sonnenschein zur Blumenwiese der Kinderlein.	*Die Kinder breiten die Arme aus und laufen „fliegend“ durch den Raum.*
Die eine setzt sich nieder, denn sie fand einen Flieder.	*Sie bleiben stehen und formen die Hände zu einer Schale, als hielten sie darin Fliederblüten. Sie führen die Blüten zur Nase und „riechen“ genüsslich daran.*
Die zweite, die liebt Narzissen, zart wie gelbe Blumenkissen.	*Die Kinder drücken ihre Hände an ihre Herzen und legen sie danach an ihre Wangen, als wollten sie darauf schlafen.*
Die dritte ist sehr glücklich, sie futtert unverzüglich:	*Nun springen die Kinder jubelnd in die Luft und fangen sogleich an, mit ihren Händen Essen in ihren Mund zu „schaufeln“.*
Goldenen Nektar aus Hyazinthen, ja, die Pollensäckchen füllt sie hinten.	*Sie tun nun so, als ob sie mit ihren Zeigefingern Nektar aus einem Gefäß herausholen und die Finger abschlecken. Danach packen sie mit den Händen den imaginären Pollen in die Säckchen an ihren Beinen.*
Dann fliegen sie zum Stock zurück, die and’ren Bienen sind verzückt.	*Die Kinder „fliegen“ jetzt wieder wie kleine Bienen durch den Raum. Sie „landen“ dann alle auf dem Boden.*
Sie fliegen gleich hin zur Wiese und futtern genau wie diese.	*Nun „fliegen“ alle Bienen wieder los. Wenn sie anhalten, „futtern“ und „schlürfen“ sie mit Fingern und Händen die Pollen und den Nektar.*

Ein Bienchen wollte Pollen sammeln

ab 2 Jahren

Melodie: traditionell nach „Ein Vogel wollte Hochzeit machen“
Text: Melanie Braun

2. Es kam zu einem Himbeerstrauch,
der duftete ganz wundervoll.
Fiderallala, Fiderallala, Fiderallalalala.

3. Dann flog es zu dem Löwenzahn,
der war ganz gelb – sogar ganz warm.
Fiderallala, Fiderallala, Fiderallalalala.

4. Der Lavendel, der duftet stark,
das Bienchen ihn daher sehr mag.
Fiderallala, Fiderallala, Fiderallalalala.

5. Ein Apfelbaum, du glaubst es kaum,
der blüte wie im schönsten Traum.
Fiderallala, Fiderallala, Fiderallalalala.

Hinweis:

Dieses Lied fördert die Kinder nicht nur sprachlich und musikalisch, sondern enthält auch Sachinformationen, die sie nebenbei lernen. Die Kinder erfahren und wiederholen hier einige bevorzugte Pollenarten der Bienen.

Die Bienenfamilie

ab 5 Jahren

Material:

Kopiervorlage „Bienenfamilie" (s. S. 28), Buntstifte, 1 Schere

Vorbereitung:

Die Vorlage „Bienenfamilie" wird im Voraus (hoch-)kopiert und ausgeschnitten.

Arbeitsanleitung:

Die Erzieherin spricht mit den Kindern darüber, dass es in einem Bienenstock drei Arten von Bienen gibt: die Königin, die Drohnen (männlich) und die Arbeiterinnen (weiblich). Anschließend werden den Kindern die passenden Bilder von der Vorlage dazu gezeigt. Die Kinder erklären nun, was sie über Bienenfamilien wissen. Die Erzieherin erläutert, dass die Familien der Bienen anders sind als unsere Familien.
Die Königin ist immer die Mutter von allen Bienen. Die meisten Bienen sind Arbeiterinnen, die sich um die Königin, den Nachwuchs, die Vorräte und den Schutz des Stockes kümmern. Die männlichen Drohnen haben dabei nur die Aufgabe, im Frühling die Königin zu befruchten. Das heißt, durch sie wird die Königin wieder Eier legen, aus denen neue Larven schlüpfen. Ist die Aufgabe der Drohnen erfüllt, sterben sie.
Nun vergleichen die Kinder die Bienen auf den Bildkarten. Was fällt ihnen auf? Woran können sie die Königin von den Drohnen und den Arbeiterinnen unterscheiden?

Sachinformationen für die Erzieherin:

Die Bienenkönigin ist immer länger und größer als die anderen Bienen. Ihre Facettenaugen sind wesentlich breiter ausgebildet als bei den Arbeiterinnen, aber kleiner als bei den Drohnen.
Die Arbeiterinnen sind die kleinsten Bienen. Ihre Facettenaugen liegen seitlich, damit sie Nahrungsquellen sowie Gefahren gut sehen können.
Die Drohnen sind deutlich breiter als die Weibchen. Sie haben große Augen, die oben auf dem Kopf liegen. Sie besitzen keine Mundwerkzeuge und müssen daher von den Arbeiterinnen gefüttert werden. Sie können nicht selbstständig Nahrung aufnehmen. Die Drohnen, die im Herbst noch im Bienenstock leben, werden aus dem Bienenstock geworfen und verhungern dann.

Flugbahn nachspuren

ab 3 Jahren

Welche Biene fliegt zu welcher Blume?

Spure nach.

Blumen finden

Zähle und verbinde richtig.

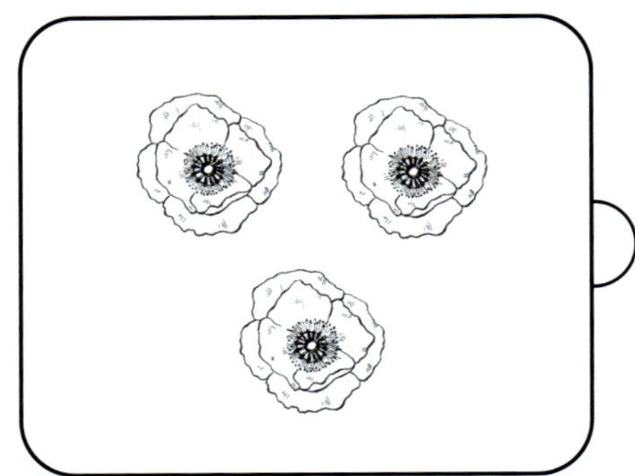

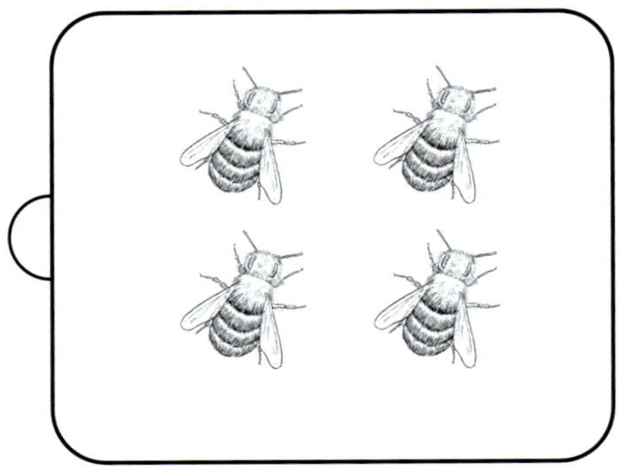

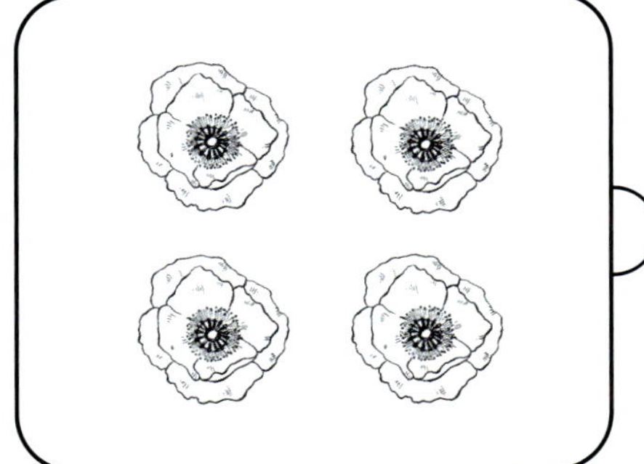

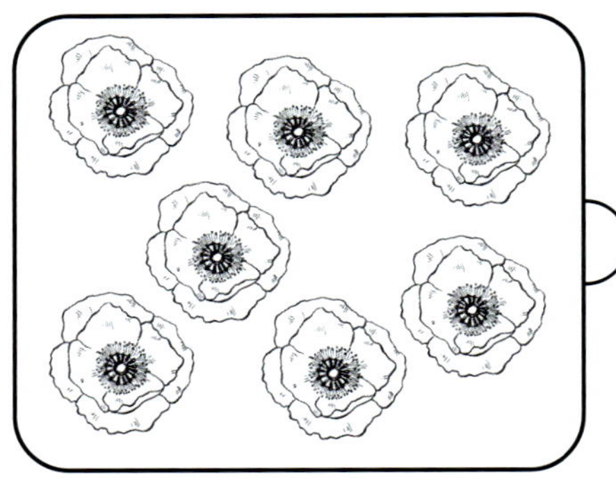

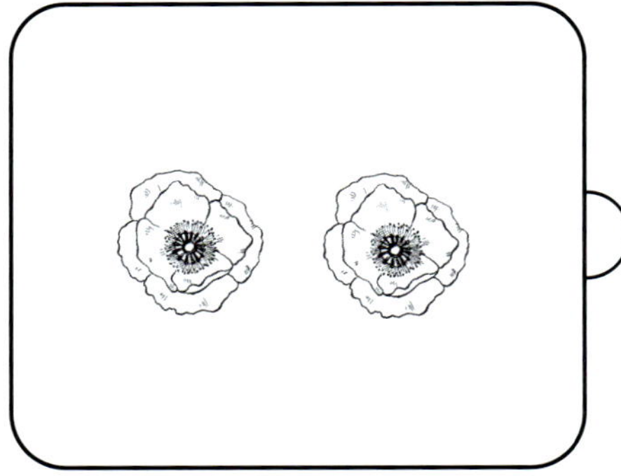

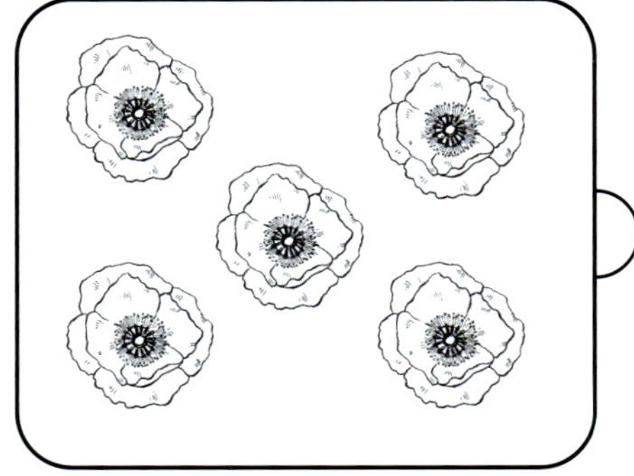

Ausmalbild: Biene auf der Blume

Male richtig aus.

○ = gelb

□ = schwarz

△ = blau

♡ = lila

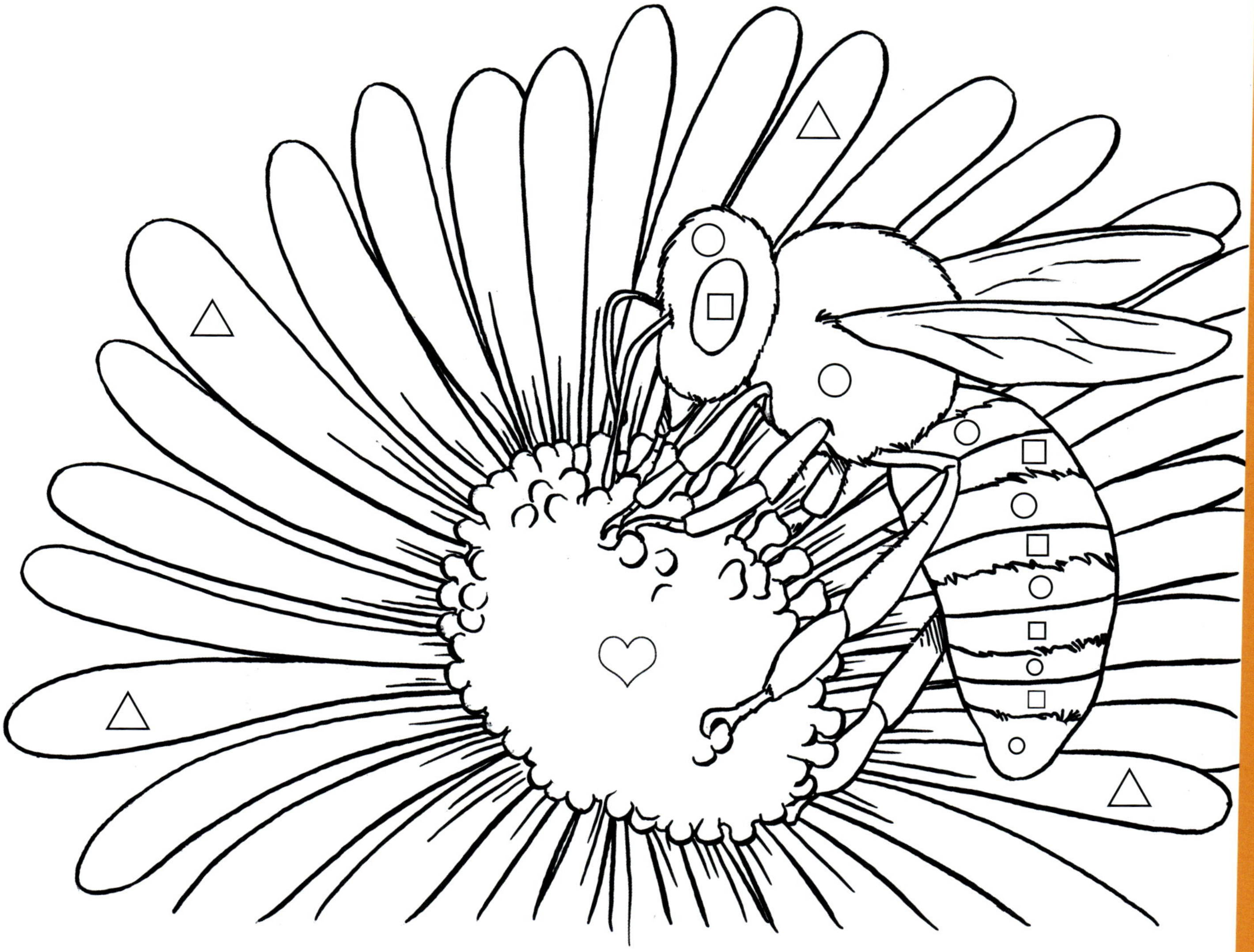

Obst und Gemüse

ab 3 Jahren

Material:

2 Äpfel, 2 Birnen, Kirschen, 2 Pfirsiche, 3 Möhren, 1 Gurke, 2 Paprika, 1 Augenbinde, 1 Küchenmesser, 7 Schalen, je Kind 1 Löffel

Arbeitsanleitung:

1. Die Erzieherin schneidet die Zutaten in kleine Stücke, die dann in Schalen gefüllt werden. Dabei wird eine Schale jeweils mit einer Obst- oder Gemüsesorte befüllt.
2. Gemeinsam mit den Kindern setzt sich die Erzieherin in einen Sitzkreis. Sie spricht mit ihnen darüber, dass Bienen nicht nur für die Bestäubung von Blumen wichtig sind, sondern auch für die Bestäubung der meisten Obst- und Gemüsesorten bzw. der Blüten. Wenn die Bienen nämlich von einer Blüte zur nächsten fliegen, verlieren sie etwas von den gesammelten Pollen. Ohne diese Pollen in den anderen Blüten kann weder neues Obst noch Gemüse wachsen. Ohne Bienen hätten wir also zum Beispiel keine Äpfel, Birnen, Beeren, Kirschen, Pflaumen, Möhren, Gurken, Kürbisse u. v. m. Schon allein deswegen ist der Bienenschutz überaus wichtig!

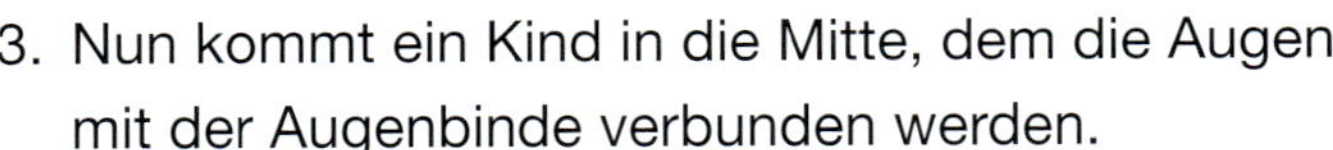

3. Nun kommt ein Kind in die Mitte, dem die Augen mit der Augenbinde verbunden werden.
4. Das Kind erhält dann ein Stück Obst oder Gemüse. Es darf es betasten, daran riechen und es dann in den Mund stecken, um es zu essen. Es kaut dabei ausgiebig und errät, um welches Obst oder Gemüse es sich handelt.
5. Danach ist das nächste Kind an der Reihe.

Kopiervorlage „Besuch beim Imker“ (zu S. 38)

ab 4 Jahren

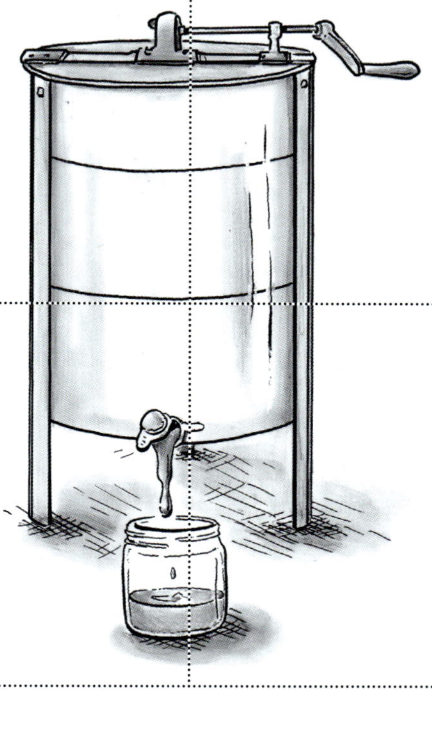

Besuch beim Imker

ab 4 Jahren

Material:

Kopiervorlage „Besuch beim Imker“ (s. S. 37), 1 Schere, ggf. 1 Laminiergerät und -folie, farbige Bildkarten zum Imker (s. Farbbogen in der Heftmitte)

Vorbereitung:

Die Vorlage „Besuch beim Imker“ wird (hoch-)kopiert und ausgeschnitten. Die einzelnen Puzzleteile können zur besseren Haltbarkeit laminiert und erneut ausgeschnitten werden.

Arbeitsanleitung:

Die Erzieherin legt mit den Kindern die drei Puzzle zusammen und spricht mit ihnen über die einzelnen Schritte der Honigherstellung. Zur Veranschaulichung können auch die farbigen Bildkarten eingesetzt werden. Die einzelnen Schritte sind:

- Der Imker nimmt die Waben aus dem Bienenstock.
- Der Honig wird in der Schleuder von den Waben gelöst.
- Der Honig tropft aus der Schleuder in ein Honigglas.

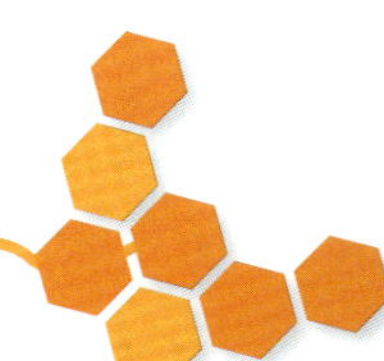

Honig testen

ab 4 Jahren

Material:

Wald-, Blüten-, Akazien- und Lindenblütenhonig; für jedes Kind: 4 Teelöffel, 1 Glas Wasser

Arbeitsanleitung:

1. Die Erzieherin erklärt den Kindern, dass es verschiedene Honigsorten gibt. Die Kinder überlegen, ob sie schon verschiedene Sorten kennen.
2. Anschließend erfahren sie, wie die Sorten mit dem Lebensraum der Bienen zusammenhängen (s. u.). Gern können die Kinder auch zuerst selbst überlegen.
3. Danach probieren die Kinder die Honigsorten: Waldhonig, Blütenhonig, Akazienhonig und Lindenblütenhonig. Zwischen dem Probieren trinken sie etwas Wasser, damit sich der Geschmack im Mund nicht vermischt.
4. Dann beschreiben die Kinder, wie die einzelnen Sorten schmecken. Die Erzieherin stellt ihnen Impulsfragen: Welcher Honig hat euch am besten geschmeckt? Worin haben sich die Honigsorten unterschieden? Wie sehen die einzelnen Sorten aus?

Sachinformationen für die Erzieherin:

Die Honigsorte hängt vom Lebensraum der Bienen ab, die den Honig hergestellt haben. Bienen, in deren Lebensraum viele Linden oder Akazien wachsen, sammeln Nektar aus Linden- oder Akazienblüten. Für Blütenhonig haben die Bienen verschiedene Blumen besucht. Waldhonig wird aus Laub- oder Nadelbäumen gewonnen. Der Unterschied zu den anderen Sorten hier ist der Honigtau, der dem Honig beigesetzt ist. Dieser Honigtau wird von Insekten wie Blattläusen ausgeschieden und von Bienen gesammelt.

Haferflocken-Honig-Kekse

ab 2 Jahren

Zutaten für den Teig:

150 g Haferflocken, 50 g Dinkelmehl, 1 Teelöffel Backpulver, 80 g Honig, 1 Prise Salz, 125 g Butter, 1 Ei, 100 g geriebene Mandeln, 2 Tafeln Vollmilchschokolade (nach Bedarf)

Arbeitsmittel:

1 Rührschüssel, 1 Handrührgerät mit Knethaken, 1 Küchenwaage, 1 Teelöffel, Backpapier, 2 Backbleche, 1 Schüssel für das Wasserbad, 1 Topf mit Wasser, 1 Gabel, 1 Herd mit Backofen

Zubereitung:

1. Der Ofen wird auf 180 °C Umluft vorgeheizt.
2. Alle Zutaten – bis auf die Schokolade – werden in die Rührschüssel gegeben.
3. Die Zutaten werden mit dem Handrührgerät vermengt.
4. Danach werden aus dem Teig kleine Kugeln geformt und auf das mit Backpapier ausgelegte Backblech gelegt.
5. Zum Schluss werden die Kugeln mit der Handfläche etwas platt gedrückt, sodass die Plätzchen etwa 0,5–1 cm dick sind. Dabei sollte auf genügend Platz zwischen den Keksen geachtet werden, da sie beim Backen aufgehen.

6. Nun werden die Plätzchen für 10–12 Minuten auf der mittleren Schiene im vorgeheizten Backofen gebacken. Wenn die Kekse nach dem Backen noch etwas weich wirken, ist dies genau richtig. Sobald sie abgekühlt sind, ist ihre Konsistenz fester.
7. Nun wird die Schokolade im Wasserbad geschmolzen.
8. Wenn die Schokolade bereit ist, wird die Gabel hineingetunkt und die Schokolade auf den Plätzchen verteilt, indem die Gabel über den Keksen hin- und herbewegt wird, sodass die Schokolade hinuntertropft.

Fertig sind die leckeren Haferflocken-Honig-Kekse!

Glutenfreie Variante:

Das Mehl, die Haferflocken und das Backpulver werden durch 50 g Buchweizenmehl, 50 g Kokosmehl, 150 g glutenfreie Haferflocken und 2 Teelöffel Kartoffelstärke ersetzt. Sollte der Teig zu klebrig sein, werden so lange geriebene Mandeln hinzugegeben, bis der Teig die gewünschte Konsistenz hat.
Auch bei der Schokolade sollte auf eine glutenfreie Marke geachtet werden.
Infos hierzu gibt es zum Beispiel unter: *www.codecheck.info*

Wildblumensalat mit Honigdressing

ab 2 Jahren

Zutaten:

für den Salat: 100 g Möhren, 1 – 2 Kohlrabi, 1 Salatgurke, 2 – 3 Packungen Wildblumensalat

für das Dressing: 2 – 4 EL Honig, 3 – 4 EL Zitronensaft, 1 Prise Salz, 3 EL Frischkäse, ¼ l süße Sahne, etwas Pfeffer, Dill, Schnittlauch

Arbeitsmittel:

1 Salatsieb, 1 Salatschüssel, 4 kleinere Schüsseln, Gemüseschäler, Gemüsereiben, 3 Esslöffel, 1 Küchenmesser, 4 Schneidebretter, 1 kleiner Schneebesen, Salatbesteck

Zubereitung:

1. Der Wildblumensalat wird gewaschen und in einem Salatsieb abtropfen gelassen.
2. Die Kohlrabi werden in jeweils vier Stücke geteilt. Da die Schale sehr hart sein kann, übernimmt die Erzieherin das Schälen.
3. Die Kinder werden dann in vier Gruppen aufgeteilt. Die ersten beiden Gruppen sollten etwas größer sein als die letzten beiden.
4. Jede Gruppe erhält ein Schneidebrett und eine kleine Schüssel.
5. Die erste Gruppe erhält die Möhren und schält und raspelt diese.
6. Die zweite Gruppe bekommt die Kohlrabi-Stücke und raspelt diese ebenfalls.
7. Die dritte Gruppe schält die Gurke und reibt sie in Scheiben.
8. In der vierten Gruppe wird das Dressing gemacht. Dafür werden die Kräuter kleingehackt und Zitronensaft, Salz, Frischkäse, Sahne, Kräuter und Pfeffer in einer Schüssel verrührt. Zum Schluss wird das Dressing mit Honig verfeinert und abgeschmeckt. Eventuell können die Kinder noch mit dem vierten Löffel mit etwas Zitronensaft nachsäuern.
9. Nun wird der Wildblumensalat zum größten Teil in die Schüssel geschüttet. Die Gemüsesorten kommen dazu und alles wird mit dem Dressing vermischt.
10. Zum Schluss wird der restliche Wildblumensalat zur Verzierung darauf gelegt.

Laktosefreie Dressing-Variante:

2 – 3 EL Honig, 3 EL Zitronensaft, 3 – 4 EL Wasser, 3 – 4 EL Öl, Dill, Schnittlauch, etwas Pfeffer

Geometrisches Honigglas

ab 4 Jahren

Male das Honigglas fertig.

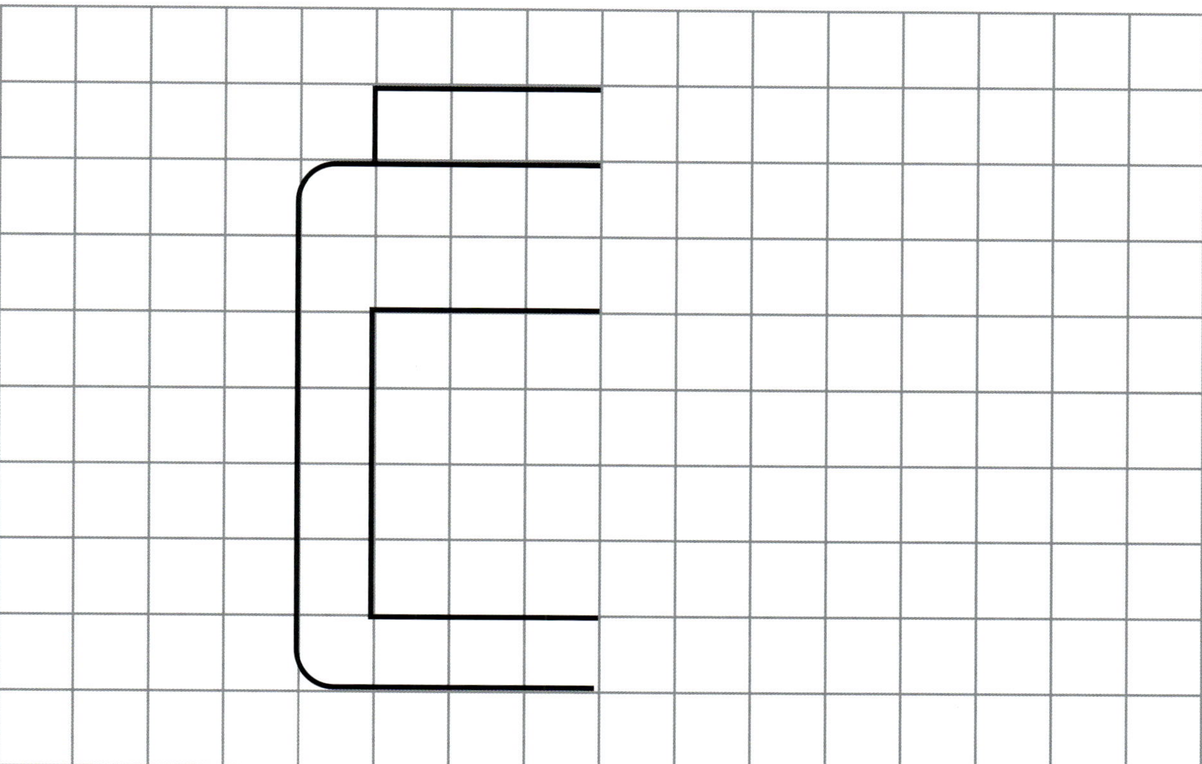

Der Imker

ab 4 Jahren

Material:
Kopiervorlage „Imkerkleidung“ (s. S. 42), 1 Schere, gelbe, blaue und rosa Buntstifte

Vorbereitung:
Die Vorlage „Imkerkleidung“ wird für jedes Kind kopiert.

Arbeitsanleitung:
Die Kinder malen ihren Imkeranzug gelb, blau oder rosa an, denn Imkerkleidung für Kinder ist tatsächlich oft in diesen Farben zu finden. Sie schneiden die Figur und die Kleidung aus. Beim Ausschneiden von kleineren Teilen brauchen die Kinder evtl. die Hilfe der Erzieherin. Nun können sie ihre Figur mit der Kleidung anziehen und damit spielen. Gleichzeitig beschäftigen sie sich so auch mit der speziellen Kleidung des Imkers.

Kopiervorlage „Imkerkleidung" (zu S. 41)

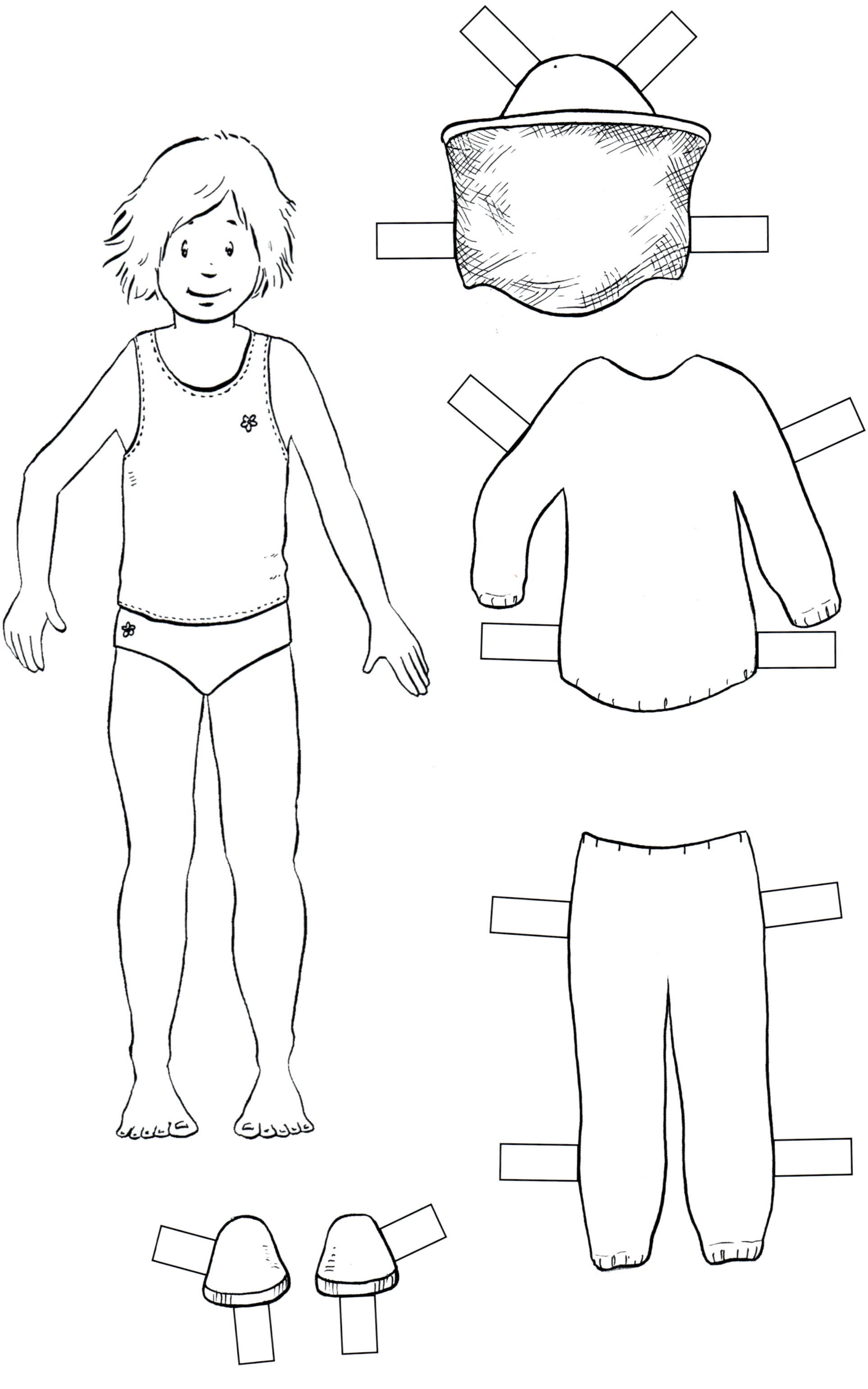

Ein Zuhause für Einzelgänger

ab 4 Jahren

Material:

ca. 50 cm lange markhaltige Stängel (z. B. Brombeere, Heckenrose, Sommerflieder, Holunder), 1 Gartenschere, Bindfaden, 1 Schere, ggf. Nägel und Hammer

Vorbereitung:

Die markhaltigen Pflanzenstängel werden bereits im Herbst mit den Kindern gesammelt und mit einer Gartenschere geschnitten. Blätter und Triebe werden dabei entfernt.

Das Holz wird dann über den Winter getrocknet, wobei keine Nässe an die Stängel gelangen sollte. Die Pflanzenstängel müssen nicht ausgehöhlt werden, da dies die Wildbienen selbst erledigen.

Arbeitsanleitung:

Im Frühling (März / April) werden etwa 15 getrocknete Pflanzenstängel mit dem Bindfaden zusammengebunden. Die Erzieherin kürzt die Stängel auf eine Länge. Die Bündel werden dann schräg an Zäunen, Baumstämmen, Wänden o. Ä. befestigt. Es ist sehr wichtig, die Stängel wirklich schräg zu befestigen, damit das Regenwasser abfließen kann.

Sachinformationen für die Erzieherin:

Anders als bei den Honigbienen gibt es bei Wildbienen auch sogenannte Solitärbienen. Dies sind Bienen, die allein leben. Die Weibchen bauen ihre Brutzellen u. a. sehr gern in totem Holz. Sie hinterlegen in jeder Zelle einen Futtervorrat für den Nachkommen und verschließen diese von außen, wenn das Ei gelegt wurde. Dann wiederholen sie es mit der nächsten Brutzelle. Die Biene legt so etwa 4 – 30 Eier. Da die Biene selbst nur eine Lebensdauer von etwa 4 – 8 Wochen hat, stirbt sie, noch bevor ihre Nachkommen geschlüpft sind. Die Generationen lernen sich also niemals kennen. Damit auch diese Bienen geschützt werden, ist es besonders wichtig, ihnen Nisthilfen zu geben.

Durstige Bienen

ab 3 Jahren

Material:
für 4 Kinder jeweils 1 Blumentopf-Untersetzer aus Ton, gesammelte Steine, Wasser, ggf. 1 Waschbecken

Arbeitsanleitung:

1. Als Erstes sammeln die Kinder kleine und große Steine im Außengelände oder bei einem Spaziergang.
2. Die Steine werden in der Gruppe gesäubert, falls sie sehr schmutzig sind.
3. Etwas Wasser wird in die Tonuntersetzer gefüllt.
4. Dann werden die Steine in die Untersetzer gelegt. Die Steine sollten aneinander lehnen oder auch übereinanderliegen. So können sich die Bienen darauf setzen, um zu trinken, ohne nass zu werden oder ins Wasser zu fallen.
5. Nun kann die Bienentränke zum Beispiel draußen auf eine Fensterbank gestellt werden. Gerade im Sommer ist die Versorgung mit Wasser für Bienen genauso wichtig wie für uns. Außerdem lassen sich die kleinen Insekten so gut – aus etwas Entfernung – beobachten.

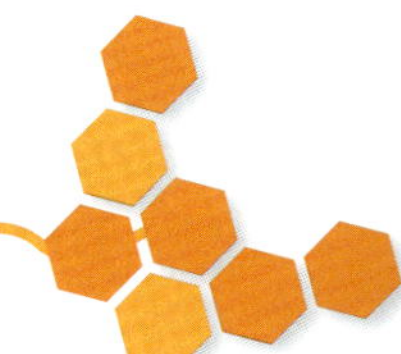

Saatbomben fürs Blumenbeet

ab 3 Jahren

Material:
Tonerde, torffreie Blumenerde, heimisches Saatgut (z. B. Kamille, Mohn, Margeriten, Sonnenblumen, Kapuzinerkresse), 1 Eimer, 1 Schaufel, Wasser, 5 – 6 Eierkartons

Arbeitsanleitung:

1. Die Erzieherin mischt mit den Kindern die Saatbomben in einem Eimer: 5 Schaufeln torffreie Blumenerde, 3 Schaufeln Tonerde und ca. 1 Schaufel voll Saatgut. Anschließend wird alles gut vermischt.
2. Nun wird so viel Wasser hinzugegeben, bis eine zähe, knetbare Masse entsteht. Je nach Blumenerdenmarke kann die Menge variieren.
3. Wenn die Masse fertig ist, rollen die Kinder in ihren Handflächen walnussgroße Kugeln. Diese Kugeln werden in die Eierkartons gelegt, um darin mindestens drei Tage zu trocknen.
4. Dann können die Kinder die fertigen Saatbomben in Blumenbeete und auf andere freie Flächen im Außengelände des Kindergartens werfen. Nach einiger Zeit entstehen an diesen Stellen kleine Wildblumenparadiese für Bienen.

Bodenhaus für Bienen

ab 2 Jahren

Material:

je Kind 1 Blumentopf aus Ton mit Abflussloch (ca. 30 cm Durchmesser), wasserfeste Acrylfarbe, Pinsel, 1 kleiner Sack Lehm, 1 kleiner Sack Sand, 1 kleiner Sack Blumenerde, 1 Eimer, 1 Schaufel, ungewaschene Kieselsteine, kurze dünne Bambusrohre

Arbeitsanleitung:

1. Jedes Kind erhält einen Blumentopf, den es mit Acrylfarbe und einem Pinsel bunt anmalt.
2. Wenn die Farben getrocknet sind, befüllen die Kinder die Töpfe als erstes mit ein paar Kieselsteinen, sodass der Boden des Tontopfes bedeckt ist. Das Abflussloch muss dabei unbedingt frei bleiben, damit sich später keine Nässe im Topf stauen kann.
3. Nun werden der Sand, der Lehm und die Blumenerde in einem Eimer gemischt.
4. Die Kinder füllen dann die Mischung mit ihren Händen oder einer Schaufel in ihre Blumentöpfe und drücken alles gut fest.
5. Danach werden mit den Bambusrohren viele kleine Löcher in die Erde gedrückt.
6. Ein paar Bambusstöcke werden in die Löcher gesteckt. So haben die Bienen die freie Wahl, ob sie direkt in der Erde oder in den Bambusrohren nisten möchten.
7. Die Töpfe müssen nun an einer vor Wind und Wetter geschützten Stelle aufgestellt werden, damit die Bienen die neuen Häuser annehmen.

Hinweis:

Die Wahrscheinlichkeit, dass die Nisthilfen angenommen werden, wird erhöht, wenn die Töpfe in der Nähe von Blumen, Bäumen oder Sträuchern stehen, die von Bienen bevorzugt werden. Alternativ lassen sich auch passende Pflanzen in die Nähe der Töpfe pflanzen. Da über 70 % aller Wildbienen im Boden leben, gibt es somit gute Chancen, sie schon bald mit den Kindern beobachten zu können.

Erste Hilfe für Brummer

ab 3 Jahren

Material:

Kopiervorlage „Etikett“ (s. u.), pro Kind 1 kleiner, sauberer Behälter (z. B. leere Nasentropfenflaschen, Glasflaschen mit Pipetten aus der Apotheke), Scheren, Buntstifte, Klebefolie, 3 Teelöffel, 1 Packung Fruchtzucker, 1 Packung Kristallzucker, kaltes Wasser, pro Kind 1 kleine Schüssel oder 1 kleiner Becher, 1 kleiner Trichter

Vorbereitung:

Die Vorlage „Etikett“ wird für jedes Kind kopiert.

Arbeitsanleitung:

1. Die Kinder malen die Etiketten nach ihren Vorstellungen aus.
2. Dann schneiden sie die Etiketten aus.
3. Nun werden sie mit der Klebefolie auf die entsprechenden Behälter der Kinder geklebt.
4. Anschließend füllt jedes Kind 2 TL Fruchtzucker, 1 TL Kristallzucker und 1,5 TL kaltes Wasser in seine Schüssel oder seinen Becher.
5. Die Mischung wird solange verrührt, bis alle Zuckerkristalle aufgelöst sind.
6. Danach wird die Mischung mit Hilfe des Trichters in die sauberen Behälter gefüllt.
7. Dann erklärt die Erzieherin den Kindern, wie sie damit Bienen helfen können. Wenn die Kinder nämlich eine Biene auf dem Boden sitzen sehen, liegt dies daran, dass die Biene kraftlos ist. Die Kinder können dann mit einer Pipette 1 – 2 Tröpfchen ihres Erste-Hilfe-Wassers vor die Biene träufeln. Es bestehen gute Chancen, dass die Biene das Wasser aufnimmt und einen Energieschub bekommt, um weiterfliegen zu können.

Kopiervorlage „Etikett“

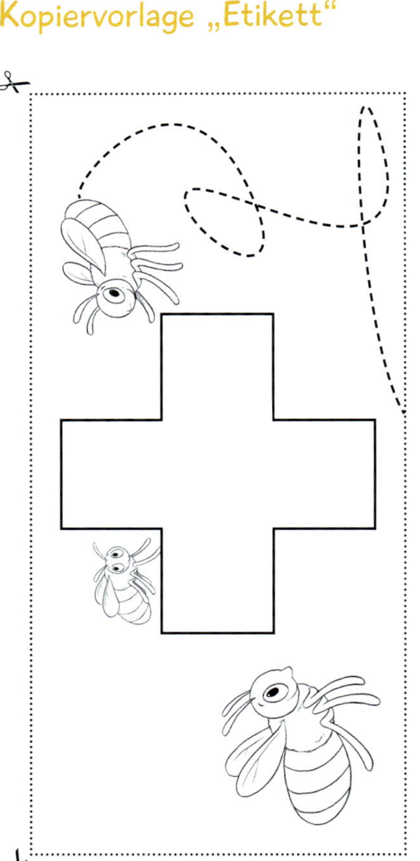

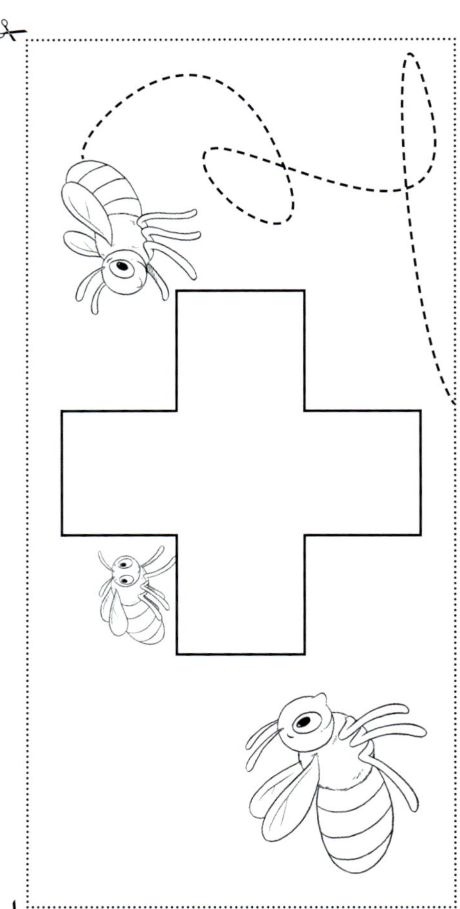

Bienenfest zum Abschluss

Aus diesem Angebot kann ein kleines Frühlingsfest entstehen oder das Bienenfest wird in das jährliche Sommerfest integriert.

Einladung

Vorlage (s. S. 48)

Dekoration:

- Bienen-Mobiles (s. S. 15)
- Bienenlichterketten (s. S. 11)
- Tischlaternen aus Butterbrotpapier (s. S. 12)

Verpflegung:

- Haferflocken-Honig-Kekse (s. S. 39)
- Wildblumensalat mit Honigdressing (s. S. 40)

Vorführung:

- Mit den Kindern kann eine kleine Vorführung gemacht werden, indem sie „Ein Bienchen wollte Pollen sammeln“ (s. S. 31) vorsingen.
- Danach singen und tanzen die Kinder den Bienentanz (s. S. 13), bei dem die Strophen drei Mal wiederholt werden. Beim ersten Mal tanzen die Kinder den Tanz ihren Eltern und anderen Besuchern des Festes vor. Vor dem zweiten Mal holen die Kinder die Gäste zum Mitmachen dazu. Ein drittes Mal wird getanzt, weil dann auch die neuen, großen Tänzer besser mitkommen.

Stationen für die Besucher:

Damit die Kinder stolz präsentieren können, was sie schon über Bienen wissen und die Eltern vielleicht noch lernen müssen, werden drei kleine Stationen an Tischen aufgebaut, die freiwillige Kinder abwechselnd betreuen.

Diese Stationen sind zum Beispiel:

- „Vom Ei zur Biene“ (s. S. 19): Hier zeigen die Besucher, ob auch sie das Arbeitsblatt ausfüllen können. Die Kinder kontrollieren als Experten selbstverständlich das Arbeitsblatt. Wenn die Besucher es richtig ausgefüllt haben, bekommen sie als Belohnung zum Beispiel einen Haferflocken-Honig-Keks.
- „Wildbienen-Büchlein“ (s. S. 21 – 22): Die Kinder machen hierbei eine Art Informationsstand, bei dem sich die Besucher die Wildbienen-Büchlein anschauen können und / oder die kleinen Experten dazu erzählen. Die Kinder werden mächtig stolz sein!
- „Bodenhaus für Bienen“ (s. S. 45): Wer möchte, kann ein Häuschen für seinen Garten oder Balkon machen. Auch hier helfen die Kinder als Experten den Besuchern.

Summsige Einladung zum Bienenfest!

Wir laden Sie herzlich zu unserem Bienenfest

in unserer Kita ein!

Wann? ____

Wo? ____

Es erwarten Sie zahlreiche Leckereien, Tänze und Gesang, Arbeiten der Kinder sowie viel gute Laune!

Bitte geben Sie diesen Abschnitt bis zum ____________________ in Ihrer Stammgruppe ab.

Name des Kindes: ____

Wir kommen mit ____________ Personen zum Fest.